対馬10
平戸新田1
平戸6
五島1
長崎県
佐賀県
唐津6
小城7
佐賀36
蓮池5
大村3
鹿島2
島原7
福岡県
福岡47
三池1
柳河12
久留米21
秋月5
小倉新田1
小倉15
清末1
長府5
山口県
長州37
中津10
日出2
杵築3
大分県
森1
府内2
臼杵5
佐伯2
岡7
宇土3
熊本新田4
熊本54
熊本県
人吉2
宮崎県
延岡7
高鍋3
佐土原3
飫肥5
薩摩77
鹿児島県
津和野4
浜田6
島根県
徳山4
岩国6
広島13
広島新田3
広島県
松江19
広瀬3
母里1
鳥取県
福山11
岡山県
鹿野3
若桜2
鳥取33
新見2
松山5
浅尾1
足守3
勝山2
津山10
岡山新田2
岡田1
庭瀬2
岡山32
鴨方3
三日月2
赤穂2
兵庫県
豊岡2
出石3
三草1
柏原2
篠山6
山崎1
安志1
姫路15
三田4
林田1
小野1
明石8
龍野5
岸和田5
伯太1
狭山1
吉田3
宇和島10
大洲6
新谷1
松山15
今治4
小松1
西条3
愛媛県
多度津1
丸亀5
香川県
高松12
徳島26
徳島県
土佐24
土佐新田1
高知県
大阪府
紀州56
田辺4
和歌山県

シリーズ藩物語

坂本俊夫……著

宇都宮藩

高徳藩

現代書館

プロローグ　宇都宮藩・高徳藩物語

奥州街道と日光街道が通る北関東の要衝・宇都宮は、江戸期、譜代大名が入れ替わり統治した。特に前半は藩主交代が目まぐるしかった。その中で今日まで語り継がれ、映画や小説ともなっているのが、本多家時代の本多正純《まさずみ》改易事件と、奥平家時代の浄瑠璃坂《じょうるりざか》の仇《あだ》討ちである。

二代将軍徳川秀忠は、徳川政権確立の功労者で、宇都宮城主だった正純を改易処分にしたが、その理由は明らかではなく、それゆえに「宇都宮釣《つり》天井」の物語がつくられ、江戸庶民の間で広く語られてきた。

また、浄瑠璃坂の仇討ちは、主君を捨て、仇討ちに命を賭けた四二人が、仇《かたき》が潜む、江戸・浄瑠璃坂上の屋敷に討ち入った事件で、江戸三大仇討ちの一つとされている。赤穂義士の討ち入りの三十年前の出来事であり、それまでは、江戸の仇討ちといえばこの浄瑠璃坂の仇討ちを指していたのである。

江戸期の後半は戸田家の統治が明治維新まで続く。老中を務めた

藩という公国

江戸時代、日本には千に近い独立公国があった

江戸時代。徳川将軍家の下に、全国に三百諸侯《しょこう》★の大名家があった。ほかに寺領や社領、知行所《ちぎょうしょ》★をもつ旗本領《はたもとりょう》などを加えると数え切れないほどの独立公国があった。そのうち諸侯を何々家《け》家中《かちゅう》と称していた。家中は主君を中心に家臣が忠誠を誓い、強い連帯感で結びついていた。家臣の下には足軽《あしがる》層《そう》★がおり、全体の軍事力の維持と領民の統制をしていたのである。その家中を藩と後世の史家は呼んだ。

江戸時代に何々藩と公称することはまれで、明治以降の使用が多い。それは近代からみた江戸時代の大名の領域や支配機構を総称する歴史用語として使われた。その独立公国たる藩にはそれぞれ個性的な藩風《はんぷう》と自立した政治・経済・文化があった。幕藩体制とは歴史学者伊東多三郎《いとうたさぶろう》★氏の視点だが、まさに将軍家の諸侯の統制と各藩の地方分権が巧く組み合わされていた、連邦でもない奇妙な封建的国家体制であった。

今日に生き続ける藩意識

明治維新から百四十年以上経っているのに、今

戸田忠温《ただはる》は、過激な尊攘論者だった儒学者大橋訥庵《とつあん》を招き、士分にとり立て、家臣の多くが訥庵の塾で学んだ。そのため、戸田家中は尊攘論者が多く、彼らは坂下門外の変にかかわり、また、天狗党の乱や幕末の京都での尊攘運動に身を投じていった。

一方で、山陵修補事業に藩をあげて取り組み、山陵奉行として指揮をとった重臣戸田忠至《ただゆき》は、その功績によって高徳藩一万石を分知されることになる。幕末の慶応二年（一八六六）である。

そして戊辰《ぼしん》の役《えき》を迎える。いち早く新政府側についた宇都宮は旧幕軍の標的となった。新選組の土方歳三らが率いる旧幕軍が宇都宮城を攻撃。守る新政府軍との間で激闘が展開され、土方軍は、一度は城を奪うが、すぐに新政府軍が奪還。この時土方は足に傷を負った。この一連の戦いで宇都宮城は焼け、城下も焼け野原となった。宇都宮の明治は焼け跡から始まったのである。

幕末の宇都宮藩は天狗党の城下への侵入、減封《ぽう》・移封《ほう》の危機、そして宇都宮城攻防戦など多難だった。同時に財政も逼迫。このような中、戸田忠至、県勇記《あがたゆうき》、岡田真吾ら逸材が戸田家と宇都宮藩を守るために奔走した。戸田家後半の歴史は、主に彼らの活躍を中心に描いていく。

でも日本人に藩意識があるのはなぜだろうか。明治四年（一八七一）七月、明治新政府は廃藩置県《はいはんちけん》★を断行した。県を置いて、支配機構を変革し、今までの藩意識を改めようとしたのである。ところが、今でも、「あの人は薩摩藩の出身だ」とか、「我らは会津藩の出身だ」と言う。それは侍出身だけでなく、藩領出身も指しており、藩意識が県民意識をうわまわっているところさえある。むしろ、今でも藩対抗の意識が地方の歴史文化を動かしている。そう考えると、江戸時代に育まれた藩民意識が現代人にどのような影響を与え続けているのかを考える必要があるだろう。それは地方に住む人々の運命共同体としての藩の理性が今でも生きている証拠ではないかと思う。

藩の理性は、藩風とか、藩是《はんぜ》とか、ひいては藩主の家風ともいうべき家訓などで表されていた。

〔稲川明雄（本シリーズ『長岡藩』筆者）〕

諸侯▼江戸時代の大名。
知行所▼江戸時代の旗本が知行として与えられた土地。
足軽層▼足軽・中間・小者など。
伊東多三郎▼近世藩政史研究家。東京大学史料編纂所所長を務めた。
廃藩置県▼藩体制を解体する明治政府の政治改革。廃藩により全国は三府三〇二県となった。同年末には統廃合により三府七二県となった。

シリーズ藩物語

宇都宮藩・高徳藩

目次

第三章　松平忠弘から六家の支配

入れ替わる藩主。そして戸田家の領国経営へ。

第四章　宇都宮の志士と山陵修補事業

窮地に陥った戸田家を救う勤王翼幕の策と高徳藩の誕生。

これも宇都宮

下野国各藩の領地

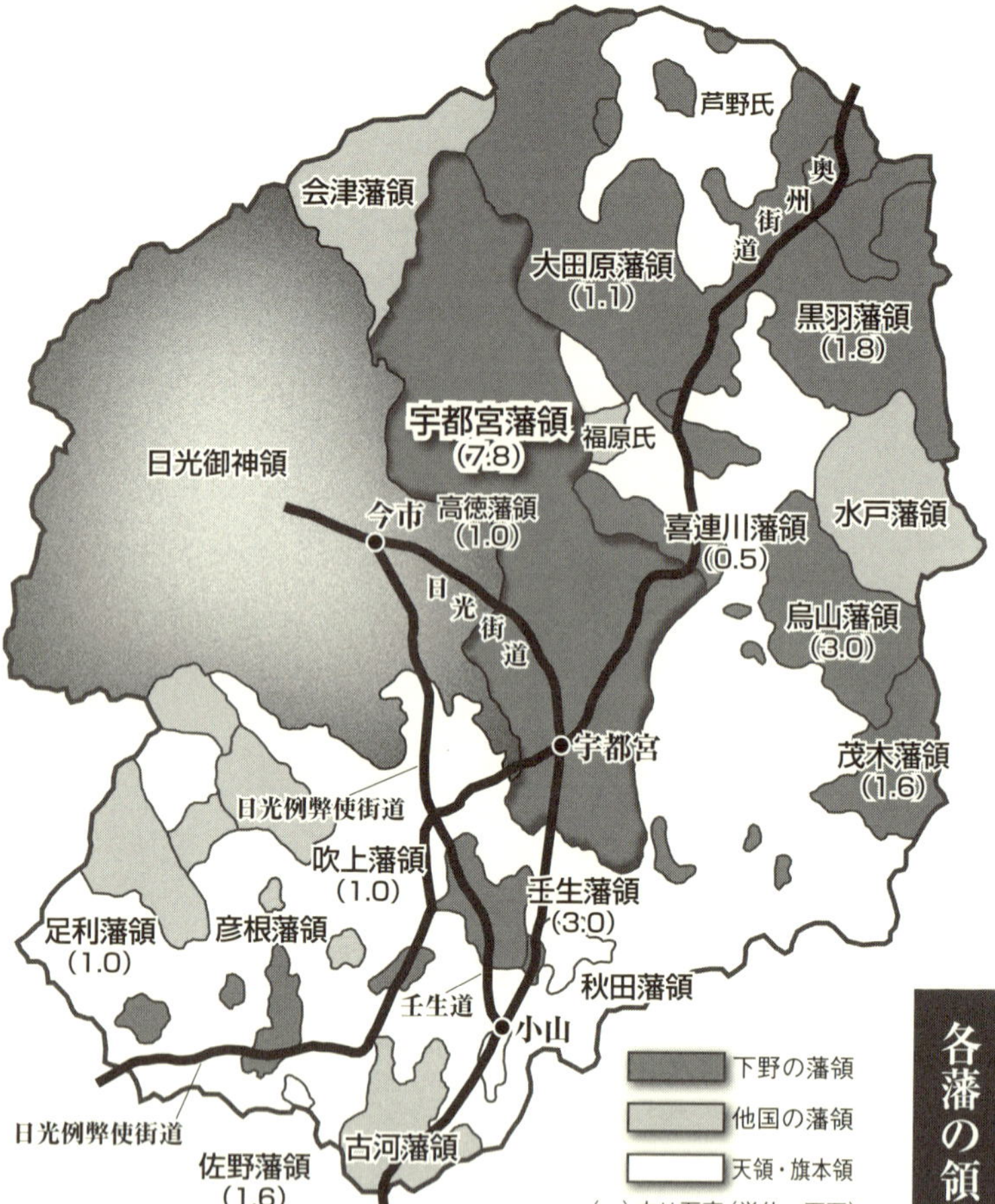

(　)内は石高（単位＝万石）
『第25回企画展図録・下野と近世大名』
（栃木県立博物館）をもとに作成

第一章 開幕までの宇都宮

家康の外孫、奥平家昌入城。宇都宮藩の歴史が始まる。

1

秀吉による宇都宮家の改易

宇都宮は、平安後期から五百年にわたって宇都宮家によって治められてきたが、豊臣秀吉の天下統一とともに、その歴史は終わる。それから江戸幕府が開かれるまで、蒲生秀行などが宇都宮城の主となった。

五百年の支配に終止符

天正十五年（一五八七）、豊臣秀吉は島津義久《しまづよしひさ》★を屈服させ、九州を平定する。天下統一まであと一歩である。続いて関東の雄、小田原の北条氏政《うじまさ》・氏直《うじなお》父子を従えようと上洛を促したが、北条はそれに応じなかった。そこで、北条と真田昌幸の領地争いをきっかけに、秀吉は天下統一の総仕上げとして小田原征伐を行う。天正十八年四月、氏政らが籠城する小田原城を包囲。じっくりと攻めていく。同時に関東各地にある北条の支城を落としていった。

五月二十七日、宇都宮城主の宇都宮国綱《うつのみやくにつな》が恭順の意を示すため秀吉の陣を訪れた。秀吉は国綱に対して、本領十八万七千六百十三石を安堵し、北条の支城の攻略に加わることを命じた。

▼島津義久
九州の武将。薩摩・大隈から九州全域を統一したが、豊臣秀吉に攻められ、降伏。薩摩を安堵された。一五三三〜一六一一。

七月に北条を滅ぼし、関東、奥州の諸大名を服従させて国内を平定した秀吉は、文禄元年（一五九二）、朝鮮への出兵を開始する。国綱もこれに加わるが、それから五年後の慶長二年（一五九七）、国綱は秀吉によって所領を没収される。

その理由は定かではない。作者不明の『宇都宮興廃記』では次のように説明する。

国綱に嗣子《しし》がいなかったため、重臣二人が浅野長政《あさのながまさ》★の二男を養子にしようとしたが、これに対して国綱の弟芳賀《はが》高武が、嗣子がいない時は芳賀家から相続者を出すべきであり、他家の者に相続させるのはおかしいと、この話を進めた重臣を討ち取ってしまった。以来家中治まらず、これを浅野長政が秀吉に讒言《ざんげん》したことによって、改易となった——と。

また、秀吉が検地を行った時、結果が従来の十八万余石どころか、その倍以上もあったことが改易の原因だという説もある。

ともあれ、国綱は宇都宮から追放となり、宇喜多秀家《うきたひでいえ》★に預けられ、秀吉による二度目の朝鮮出兵では名誉挽回のために再び朝鮮に渡ったが、秀吉は朝鮮に兵を送ったまま病没してしまう。ここに、宇都宮家の再興の道は閉ざされたのである。

宇都宮家は改易に至るまで、平安時代から五百年以上も宇都宮を支配してきた。

その祖が宇都宮の地に来たのは、平安後期、前九年の役（一〇五一〜一〇六二）の時である。陸奥の国で起こった俘囚《ふしゅう》★・安倍氏の反乱を鎮圧するため、朝廷は

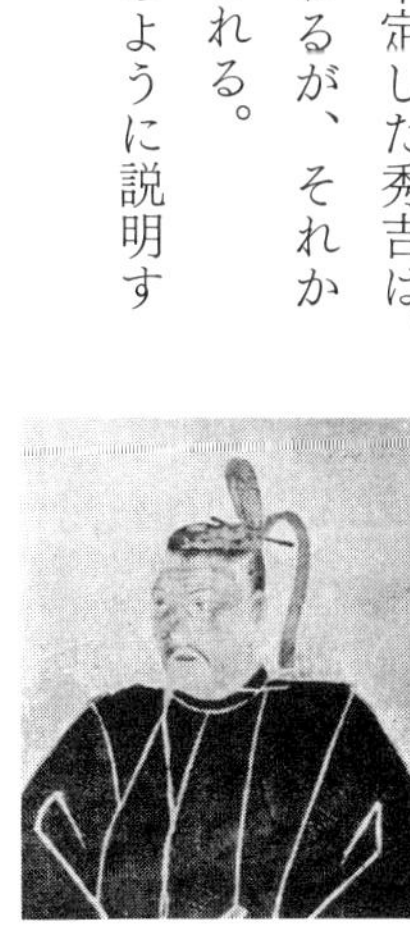
浅野長政

▼浅野長政
織田信長、豊臣秀吉に仕え、豊臣家五奉行の一人となる。関ヶ原の戦いでは徳川家康の東軍に味方し、和歌山城主となる。一五四七〜一六一一。

▼宇喜多秀家
豊臣家五大老の一人。関ヶ原の戦いで西軍につき、八丈島に流された。一五七二〜一六五五。

▼俘囚
朝廷の支配下に入った蝦夷《えみし》の呼称。

源頼義《よりよし》・義家《よしいえ》父子を派遣したが、それに従ったのが藤原宗円《そうえん》である。彼は氏家の勝山★で戦勝の調伏《ちょうぶく》祈禱を行い、その功により宇都宮社（宇都宮大明神、二荒山《ふたあらやま》神社）の社務・検校《けんぎょう》職★を得て、その南側に居館を構え土着した。これが宇都宮家の始まりといわれている。ただこの宗円絡みの話は、確たる証があるわけではない。

宗円の孫朝綱《ともつな》の時、鎌倉幕府の御家人となり、源頼朝に宇都宮大明神の検校職を安堵されている。頼朝は義経征伐の途次、宇都宮大明神に立ち寄ったという。

朝綱は公田《こうでん》押領の罪で土佐に流罪になったり、その孫、頼綱《よりつな》は、元久二年（一二〇五）、妻の父北条時政★が失脚した後、謀反を疑われたので出家して異心のないことを示したりするなど、幾たびかの波乱があったが、その子孫は、鎌倉幕府の有力御家人として引付《ひきつけ》衆、評定《ひょうじょう》衆★など幕府の要職を務め、頼綱の二代後の景綱が評定衆の時、幕府の「貞永式目」★に倣《なら》い、領地支配のための法律、「宇都宮家弘安式条《こうあんしきじょう》」を定めている（弘安六年）。これは七〇カ条からなり、約三分の一が社寺に関するもので、そのほか、裁判・訴訟に関するもの、幕府との関係を規定するもの、酒宴での華美の禁止など一族郎党の日々の生活に関するもので構成されていた。

その後、宇都宮家は南北朝時代、室町時代、戦国時代を生き抜き、秀吉の天下統一とともに、滅びるのである。国綱は武蔵国で没したが、その子義綱《よしつな》は水戸の

▼氏家の勝山
現在の栃木県さくら市氏家字勝山（宇都宮市の北西）。

▼社務・検校職
神社の社務、神社領を管理・監督する長。

▼北条時政
鎌倉幕府確立の功臣で初代執権を務めたが、三代将軍実朝を除こうとして失敗し、出家した。一一三八～一二一五。

▼引付衆、評定衆
ともに鎌倉幕府の職名で、引付衆は訴訟の審理などを担い、評定衆は裁判、その他の政務を担当した。

▼貞永式目
御成敗式目。貞永元年（一二三二）に制定された鎌倉幕府の法典で、日本初の武家法。

二荒山神社
（かつての宇都宮大明神）

徳川頼房の家臣となり、その子孫も水戸徳川家に仕えた。

蒲生秀行前後

宇都宮国綱に代わって宇都宮城の主となったのは浅野長政だった。もっとも、長政は領主が決まるまでの一時預かりのような役割を果たしたにすぎない。この時、長政は宇都宮大明神の検校職を宇都宮城主が兼務することを廃している。

浅野氏は六カ月間宇都宮を管理し、代わって蒲生秀行《がもうひでゆき》が領主として宇都宮にやってきた。秀行の父氏郷《うじさと》は、織田信長、秀吉に仕え、秀吉からは会津若松城主として九十一万九千三百石もの禄を得ていたが、四十歳で死去。跡を継いだ秀行は十三歳だった。この若さで東北の鎮守として九十万石もの所領を治めるのは容易ではなく、重臣たちの諍《いさか》いが起き、慶長三年（一五九八）三月、十八万石に減封となって宇都宮に来たのだ。

この秀行の母が信長の娘冬姫《ふゆひめ》で、美しかったため、氏郷亡き後、秀吉が側室にしようとしたが、彼女はそれを嫌い、尼になって貞節を守った。それを秀吉が不愉快に思っていたことも、減封の理由だという話もある。さらに、秀行は家康の娘を娶《めと》っていて、家康寄りと考えた石田三成が重臣たちの諍いを口実に秀行の所領を減らしたという話もあるが、いずれにしても、秀行は勇躍して宇都宮に来た

『下野国誌』より
宇都宮朝綱像
（栃木県立博物館蔵）

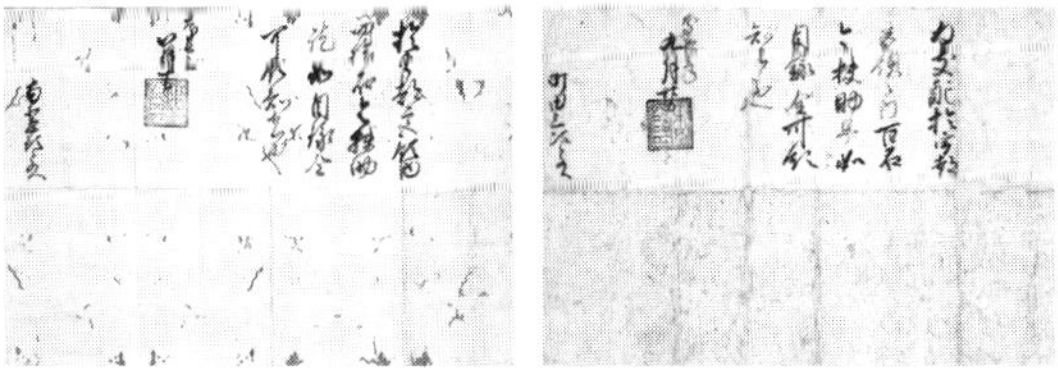

南小平次宛「蒲生秀行黒印状」と町田三次宛「蒲生秀行黒印状」。
宇都宮城主となった秀行が慶長３年に出した知行宛行状。
（栃木県立博物館蔵）

のではないだろう。

それでも、武家屋敷をつくって町人の住まいと明確に区分したり、城下への入り口を設けて番所を置くなどして城下の整備を行った。また、蒲生家の出身地、近江国日野から蒲生家を頼ってやってきた商人たちを御用商人とし、城の北側を走る釜川《かまがわ》べりに住まわせ、日野町と名づけ、商業の発展を期した。

慶長五年、徳川家康と石田三成★が雌雄を決した関ヶ原の戦いがあった。それより前、三成に呼応した会津の上杉景勝《うえすぎかげかつ》★を討つため、家康は宇都宮の南西にある小山に、その子徳川秀忠は宇都宮に入っていた。その家康のところに、三成が挙兵したとの連絡が入り、家康は西に兵を進める。秀忠も宇都宮を発し、信濃経由で西へ向かった。

秀行は上杉への備えと城下の治安維持を命じられた。城下の町年寄は、家康に対して叛意がないことを示すために家康方に人質を出すなどしたため、三成を倒した家康は、その忠節に対して、宇都宮の町の地子《じし》（地代）を免除とした。

慶長六年八月、蒲生秀行はこの時の働きによって会津に復帰。六十万石の大名となる。秀行が出ていった宇都宮城は、家康の家臣、大河内秀綱《おおこうちひでつな》が管理し、十二月、次の城主に引き渡す。秀綱は、のちに老中として島原の乱などで辣腕《らつわん》を振う松平信綱《のぶつな》の祖父である。

▼**石田三成**
豊臣家五奉行の一人。秀吉の死後、徳川家康と対立し、関ヶ原の戦いで敗れ、京都で斬首。一五六〇～一六〇〇。

▼**上杉景勝**
上杉謙信の甥で、その養子となり遺領を受け継ぐ。豊臣家五大老の一人。関ヶ原の戦い後、会津から米沢に移封。一五五五～一六二三。

▼**松平信綱**
江戸前期の老中。徳川家光・家綱に仕え、島原の乱を鎮圧するなどの功績がある。川越藩主。一五九六～一六六二。

2

江戸幕府最初の城主・奥平家

武田勝頼の攻撃から長篠城を死守し、織田・徳川連合軍を勝利に導いた奥平定昌は、その功により、徳川家康の長女を娶り、徳川家の外戚となった。天下を取った家康は、北関東の要衝・宇都宮に外孫、奥平家昌を配した。

長篠城を死守

関ヶ原の戦いで勝利した徳川家康は、翌年から譜代の家臣を関東や東海に大名として配し、江戸の守りを固めていった。そのような中、宇都宮十万石を拝領したのが奥平家昌《おくだいらいえまさ》である。

上野《こうずけ》国甘楽《かんら》郡奥平郷を領していた奥平家は、家昌の六代前の貞俊《さだとし》の時に三河国設楽《したら》郡作手《つくで》に移り、家昌の祖父貞能《さだよし》と父定昌《さだまさ》は、織田信長と家康の連合軍が浅井長政と朝倉義景の連合軍を破った元亀元年（一五七〇）の姉川の戦いの時、徳川四天王★の一人、酒井忠次《さかいただつぐ》に属して戦った。貞能は手勢を率いて、義景の軍と激突し、首九一をとったという。定昌はこの時十六歳だったが、敵二騎を討ちとった。

その後、武田信玄の三河進出に伴って、奥平一族は武田に従った。貞能は反対

▼徳川四天王
酒井忠次、本多忠勝、榊原康政、井伊直政。

だったが、貞能の父貞勝《さだかつ》が決めたので逆らえなかった。元亀三年、三方《みかた》ヶ原で家康を破った武田軍は冬を迎えたため一度帰国し、翌年再び三河に兵を進める。家康は貞能・定昌父子を味方にすべく工作。二人は、信玄がすでに死んでいることなどを伝え、一族を離れて家康に帰参した。信玄の子勝頼を見限ったともいわれる。このため、武田に人質に出していた定昌の妻たちは磔《はりつけ》にされる。家康は信玄に奪われていた三河の長篠城を奪還。定昌を城主に据えた。

天正二年（一五七四）、勝頼は美濃を経て、三河に進出。遠江《とおとうみ》の家康の前線基地、高天神城などを次々と落とし、翌三年五月、定昌が守る長篠城を取り囲んだ。奥平の名を高めた長篠城の攻防戦が始まるのである。

攻める武田勢は一万数千。守る城兵はわずか五〇〇。武田勢は昼夜の別なく攻め立てる。定昌は時には門外に出て、寄せ手を撃破するなど大いに奮戦するが、城兵の死傷者は増え続け、さらに兵糧が残り四、五日分となった。定昌は岡崎にいる父貞能に連絡をとり、家康に援軍を要請することにした。城は武田勢に囲まれている。使者は城

奥平（松平）氏系譜

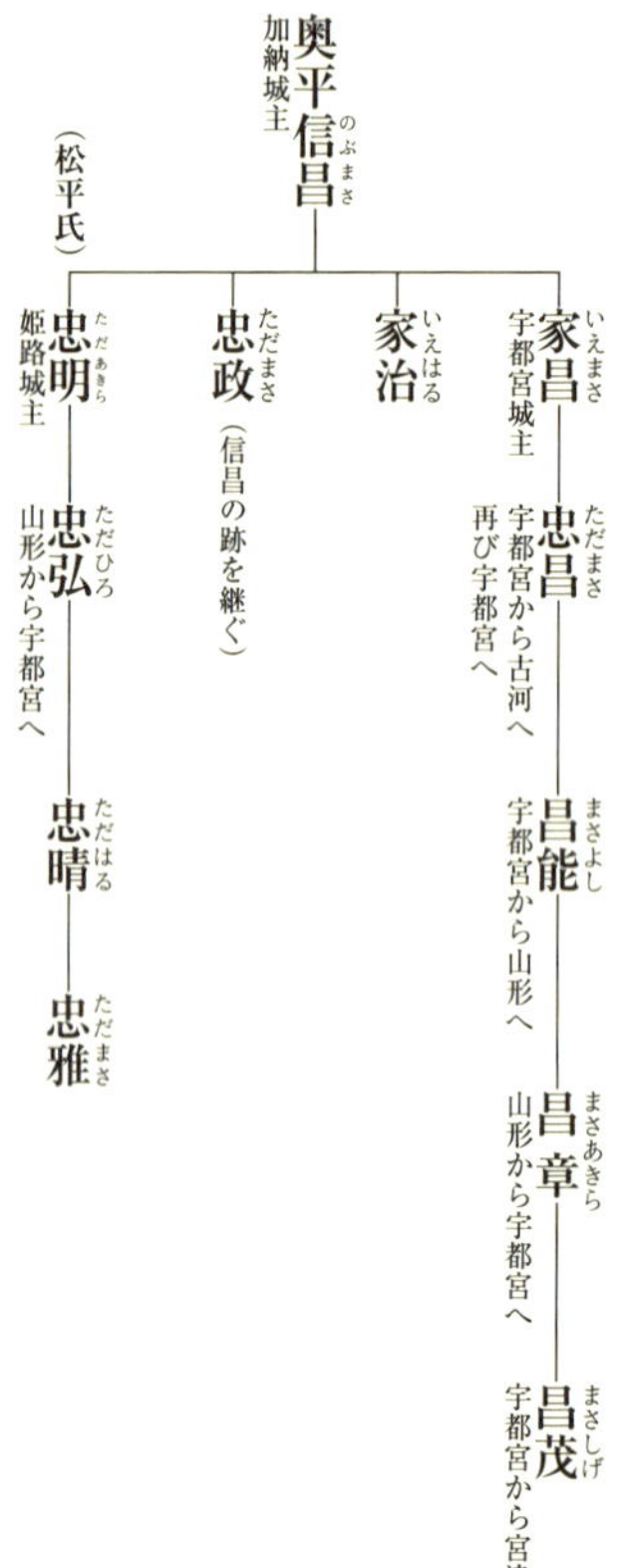

の脇を流れる川を泳いで脱しなければならない。使者に選ばれたのは泳ぎが達者な奥平勝吉だったが、勝吉は承知しなかった。「自分が使者として出ている間に落城したら、末代までの恥辱になる」というのがその理由だ。城を枕に討ち死にするというのである。他の面々も同様の理由で使者となるのを断った。定昌は、「ならば、それがし一人が腹を切り、城兵を助けよう」といった。それを聞いて名乗り出たのが鳥居強右衛門勝商《すねえもんかつあき》だった。強右衛門は夜ひそかに川を越え、未明に城の向かいの山に達し、無事脱出したという合図の狼煙《のろし》を上げ、岡崎に走った。

その頃、家康の要請を受け、武田軍と戦うべく、織田信長が岡崎に到着していた。強右衛門は貞能のもとに無事達し、貞能は強右衛門を連れ、家康に言上《ごんじょう》。家康は信長の軍がすでに岡崎にあり、すぐに長篠城に向かうことを伝えた。強右衛門は援軍が来ることを定昌に知らせるべく、長篠にとって返した。しかし、城は武田勢に囲まれている。なんとか城に入ろうとしたが、見つかり捕らえられる。

強右衛門が持っていた援軍が来るという書状を見た勝頼は、城兵の士気を低下させて投降を促そうと図り、強右衛門に、親しい者を呼び出して「援軍は来ない。だから、速やかに城を明け渡せ」と伝えるように指示した。そうすれば、命を助け、恩賞も与えるという条件だ。強右衛門はそれに従うふりをして、城に向かって、「援軍が来る。その間、堅固に城を守って怖《おそ》れるな」と大声で伝えた。そして「この言葉が今生の別れ」といい終わらぬうちに、武田の兵の槍が強右衛門を

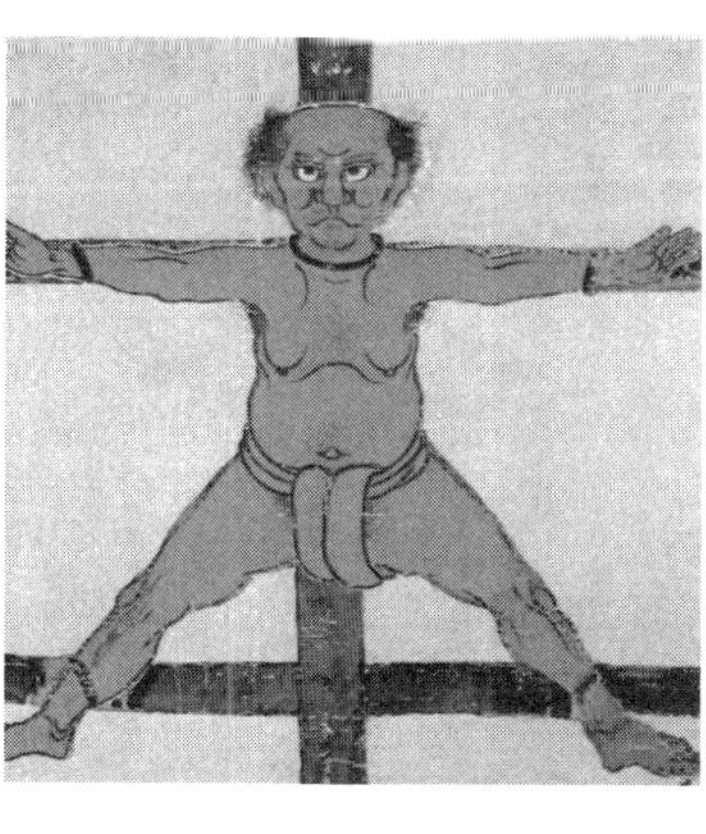

鳥居強右衛門
（東京大学史料編纂所蔵）

貫いた。勝頼は見せしめのため、城を囲む柵の前に強右衛門の亡骸を磔にし、さらに策を弄した。「加勢はできないので、城を明け渡すべし」という偽の書状をつくり、使いの者（強右衛門）は殺したが、もののふの道は相身互《あいみたが》いなので、使いの者が持っていた書状は送るとして、矢文にして城内に射ったのである。これを見た城側は「拙き謀書《ぼうしょ》」と笑い飛ばし、城の守りを一層固くしたという。

強右衛門の働きによって城兵の士気は鼓舞され、定昌は城を守り抜く。これが、織田・徳川連合軍の設楽原《したらがはら》の勝利★へとつながるのである。

家康、外孫を宇都宮に配す

この功績によって、定昌は信長から一字を与えられ、信昌《のぶまさ》と名を変える。また、奥平一族七人と三河以来の重臣五人が家康の御前に召されて、その功績を褒められ、以来その子孫は家康への拝謁が許される。信昌は三河国新城の城主となり、家康は妻子を失った信昌に長女亀姫を嫁がせた。こうして奥平家は徳川家の外戚となった。亀姫の母は、家康の長男岡崎信康★と同じ正室築山殿★である。

信昌は、さらに上野国小幡宮崎《おばたみやざき》城主となり、慶長五年（一六〇〇）の関ヶ原の戦いの後、初代京都所司代★となる。この時の働きとして残されているのが安国寺《あんこくじ》恵瓊《えけい》の捕縛だ。秀吉の信任を得て、伊予六万石を領していた恵瓊は関ヶ原の戦い

▼設楽原の勝利
織田信長と徳川家康の連合軍が三河の設楽原で武田勝頼を破った戦い。

▼岡崎信康
徳川家康の長男。母は築山殿。亀姫の兄。正室は織田信長の娘の徳姫。徳姫が信康との不和、築山殿の武田勝頼への内通などを記した手紙を信長に送り、それを読んで激怒した信長が信康の切腹を家康に命じ、自刃した。一五五九～一五七九。

▼築山殿
徳川家康の正室。今川義元の姪。信康の処断の時、家康の家臣に殺害される。？～一五七九。

▼京都所司代
京都の治安維持、朝廷の監察、西国大名の監督などを行う江戸幕府の職名。

で石田三成に味方して敗北。本願寺の端の坊に隠れていたが、某僧の密告によって信昌の家臣に捕縛される。この時恵瓊を生け捕りにしたのが、長篠城の戦いで命を落とした鳥居強右衛門の息子、鳥居《とりい》信商《のぶあき》である。

翌六年三月、信昌は十万石を得て、美濃国加納城の城主となる。このため、亀姫を加納御前、加納殿と呼ぶ。そして、父が健在でまだ家禄を継いでいなかった長男家昌が十二月に、父とは別に家康から宇都宮十万石を賜《たまわ》る。無禄から一気に十万石とは異例だ。家昌の「家」は祖父家康からもらって付けたものである。

かつて蒲生氏が治めた宇都宮を誰に与えるべきかと家康が天海僧正★に問うた時、天海が誰彼と論ずる必要はなく、外孫奥平大善（家昌）に賜《たま》うべきと答えると、家康も「我が意も然り」といったという。奥平家の長篠城での奮闘と自分の孫ということから、北関東の要衝、宇都宮を治めさせることにしたのだろう。

この時、家昌には七族五老★が従った。長篠城の功により、家康拝謁が許された奥平家の重臣たちである。この七族五老の区別はのちになくなり、一括して大身《たいしん》衆と称するようになる。

宇都宮に入った時、家昌に従った家臣は少なかった。家昌は家督を相続したのではなく、父信昌とは別に新たに十万石の領主となったのだから、父の家臣団をそっくり受け継ぐわけにはいかなかったのだ。そのため、家昌は重臣らの子弟の分家を勧め、また、文武一芸に秀でた浪人を多く召し抱えたといわれる。

▼天海僧正
天台宗の僧で徳川家康の政務に参画。？～一六四三。

▼七族五老
七族：奥平民部定雄（雨山家）・奥平但馬勝正（夏山家）・奥平治左衛門勝吉（田代家）・奥平与兵衛定次（中金家）・奥平周防勝次（萩家）、他に日近家、稲毛家があったが断絶。
五老：山崎左近信興・生田内匠尚之・兵藤玄蕃勝木・黒屋掃部正勝・夏目次右衛門治定。

これも宇都宮

宇都宮歴史こぼれ話

樋爪《ひづめ》氏の墓

文治五年（一一八九）、源頼朝が奥州の藤原氏を攻め滅ぼした時、藤原一族の樋爪季《すえ》衡《ひら》・経衡《つねひら》父子が捕虜となり、祈願成就のお礼として宇都宮大明神（二荒山《ふたあらやま》神社）に二人が奉納された。生贄である。季衡は故郷が恋しく逃亡したが、捕らえられ、首と胴は田川を挟んで葬られたという話が残されている。また、捕虜となったのは、俊衡《としひら》・季衡兄弟で、俊衡は高齢のため罪を許され、季衡が宇都宮大明神に連れてこられ、神職として奉仕させられたとの話もある。

三峰山神社

この樋爪氏の墓が三峰山《みつみねさん》神社（大通り）の中にある五輪塔《ごりんとう》だといわれている。

おしどり塚

おしどり塚の碑（おしどり塚児童公園）

鎌倉時代、宇都宮を流れていた求食《あさり》川で猟師が雄のおしどりを射た。猟師はその首を切って、その場に捨て、体だけを持ち帰った。

翌日、また川に行くと、昨日と同じところに今度は雌のおしどりがいた。これ幸いと、猟師はまた射殺した。そして持ち帰ろうとすると、その翼の下には、昨日殺したおしどりの首がしっかりと抱きかかえられていた。愛する雄の死を悲しんでいたのだ。

猟師は鳥の愛情に心を打たれ、殺生をやめて供養塔を建て、それがおしどり塚といわれるようになったという。鎌倉時代の『沙石《しゃせき》集』に類似の話がある。

現在、その石碑が「おしどり塚児童公園」（一番町）にある。

大いちょう

現在の宇都宮城址公園近くに三三メートルの大いちょうがそびえている（中央）。宇都宮城の土塁跡にあり、樹齢は四百年。戊辰の役の際の宇都宮城攻防戦にも、太平洋戦争時の空襲にも耐え、今日まで宇都宮の歴史を見つめてきた。

大いちょう（写真提供、宇都宮市）

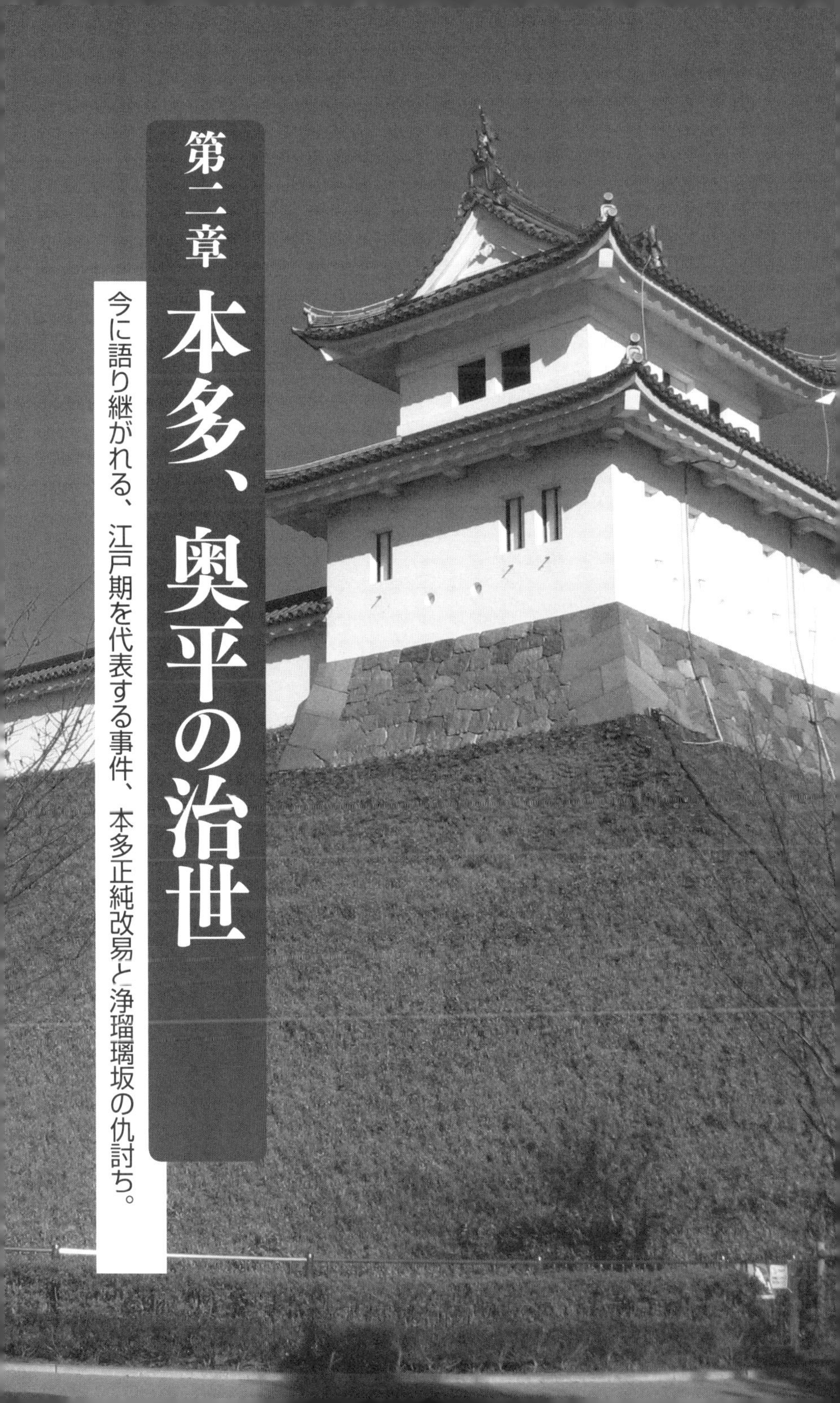

第二章 本多、奥平の治世

今に語り継がれる、江戸期を代表する事件、本多正純改易と浄瑠璃坂の仇討ち。

1

本多正純、宇都宮に入る

徳川政権確立に貢献した幕閣の実力者、本多正純が宇都宮城主となった。追い出された形となった奥平忠昌の祖母で家康の娘である加納御前は怒りを募らせた。正純は秀忠の日光社参を控え、宇都宮城の普請を行うが、これが命取りになる。

奥平家、古河へ移封

慶長八年（一六〇三）、徳川家康は征夷大将軍に任ぜられ幕府を開いた。翌年、幕府は宇都宮城の北に位置する宇都宮大明神の社殿の造営を始める。宇都宮城主奥平家昌は、幕府代官の伊奈忠次《いなただつぐ》とともにその奉行を務めた。また、家昌は城下の発展のため、市《いち》の開催を決め、五日と十日に開かれることになった。家昌の官名が大膳大夫《だいぜんだいぶ》だったので「大膳市」といった。

慶長十九年十月から十二月の大坂冬の陣の際には、家昌は病を得て参戦できず、江戸留守居役を命じられ、間もなく、三十八歳でこの世を去る。嗣子千福《せんぷく》はこの時まだ七歳（元和七年、十四歳の時、徳川秀忠より忠の一字を賜り、忠昌となる）。十一月十八日に家督相続が認められる。

翌元和元年（一六一五）五月、家康は大坂夏の陣で豊臣家を滅ぼし、次の年、病に臥した。千福は曾祖父家康の見舞いに駿府《すんぷ》に出向いた。家康は大いに喜び、印籠や白鳥鞘の槍、葵の紋のついた鞍などを与えた。大名が江戸城へ登城する際、槍などは下馬所内には持ち込めなかったが、家康から拝領したこの槍は玄関先まで持ち込むことができた。

元和二年四月、家康が没し、翌三年、本多正純《まさずみ》、藤堂高虎《とうどうたかとら》が奉行となって家康を祀る日光東照社★の造営が進められ、四月に神殿が竣工。奥平家も尽力した。そして、二代将軍秀忠が参詣。この時に宇都宮城に宿泊し、千福は刀などを賜った。宇都宮での奥平家は将軍家の外戚として順風満帆のように思えた。

ところが、元和五年十月、古河《こが》への移封となったのである。十万石に一万石が加増され、十一万石となったのだから（古河六万五千石、下妻二万五千石、小山二万石）、数字の上では喜ぶべきことだが、新たに宇都宮城の主となった本多正純は十五万五千石を得た。理由は、奥羽へのおさえとして重要な宇都宮を任せるには、千福は幼すぎるということである。

千福の祖母、加納御前はこれに激怒した。本多正純に追い出されたと思ったのだろう。正純はたいした武功を残していない。それに引き換え、奥平家は長篠城での攻防戦をはじめ、武勇で徳川家に貢献してきた。しかも、徳川家の外戚でもある。いくら幼いといっても、宇都宮城主として申し分ないはずだ。それなのに、

▼日光東照社　東照宮と称するようになったのは、正保二年（一六四五）に宮号が宣下されてからである。

家康の神柩をおさめた宝塔（日光東照宮）

下野小山三万二千石から一気に十五万五千石の領主となって、正純がとってかわる。加納御前には幕府の実力者、正純の横暴とみえたのかもしれない。

本多正信の遺言と正純

しかし、宇都宮への移封は正純が願ったことではない。

正純の父本多正信《ほんだまさのぶ》は高禄を望まなかった。正信は当初家康に従っていたが、家康に背いて三河の一向一揆★に加わり、その後、各地を転々とし、十九年後に許されて、再び家康に従った。本能寺の変で織田信長が明智光秀に討たれた時、堺にいた家康が三河に戻る際に尽力し、以降、家康の参謀的な役割を務めた。家康の行動の多くが正信の献策によるものといわれるほど、家康の天下取りに貢献したが、最終的にわずか三万石を賜っただけであった。

家康が秀忠に将軍職を譲り、駿府に移ってからは秀忠の執政として江戸にあり、秀忠に仕えた。そして、死ぬ前に、「もし正信のこれまでのご奉公をお忘れでなく、長く子孫が続くことを思《おぼ》し召されるのなら、嫡男上野介《こうずけのすけ》（正純）の所領は今のままで、これより多くなさらないように」と秀忠に願ったという。

正信は自分の立場をわきまえていた。彼は、一度は家康に背き、また、武功ではなく、智謀をもって家康に仕えた。そのまわりには戦場を駆け回り、命がけ

▼三河の一向一揆
一五六三年に徳川家康が領する三河国岡崎周辺で起きた一向宗徒の一揆。徳川に対する土豪も農民に味方し、戦いは半年続いた。

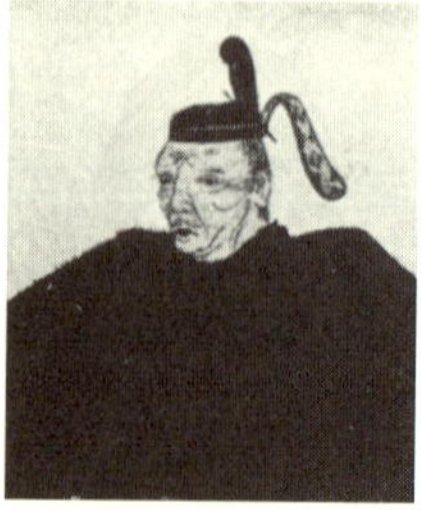
本多正信

で戦い、家康の天下取りに貢献した者がたくさんいた。そのような武将の目には、家康に重用《ちょうよう》される正信・正純父子は「たいした戦働《いくさばたら》きもしないで出世しおって」というように映っただろう。それでも少禄に甘んじていればよいが、もし高禄を食《は》むようなことになれば、妬《ねた》みが倍増するのは必定《ひつじょう》。そんな思いがあって、正信は高禄を望まなかったのだ。

もちろん、正純も父の訓《おしえ》を忘れることはなかっただろう。にもかかわらず、図らずも宇都宮十五万五千石を得ることになった。これは秀忠、幕閣の思惑によるものと考えられる。

正純は十九歳の時から家康に仕え、父と同様、〝武〟ではなく、〝知〟で家康の天下取りに貢献した。家康が将軍職を秀忠に譲った後は、駿府での家康の大御所政治を支えた。大名などが家康に拝謁する時は、まず正純に告げたというほど家康の信任を得て、徳川政権の確立に力を注いだ。

一方、将軍となった江戸の秀忠のもとでは正信、大久保忠隣《ただちか》★（のちに大久保長《なが》安《やす》事件★で失脚）、土井利勝《どいとしかつ》、酒井忠世《ただよ》らが政務を執行した。父は江戸で、息子は駿府でそれぞれ実力者として君臨したわけで、この頃が本多家の絶頂期といえよう。

しかし、家康が死んで駿府と江戸の二元政治は終わり、正信も家康の後を追うように没する。

▼大久保忠隣
譜代大名で相模国小田原城主。幕閣の中枢にあったが、大久保長安事件で改易。一五五三〜一六二八。

▼大久保長安事件
大久保長安は大久保忠隣の推挙で徳川家康に仕え、金山奉行を務めたが、死後、不正に私財を蓄えていたことが発覚し、一族が処罰された事件。

　正純は江戸に入って幕閣に加わる。秀忠のもと、土井利勝らは新しい体制で幕政を運営しようとしているところに、大御所政治を担ってきた正純がやってきたのである。土井ら秀忠の側近からみれば、徳川家内での実績では正純のほうが上で、そのため遠慮もある。年齢でも酒井忠世より七歳、土井より八歳上だった。

　正純は切れ者であるだけでなく、妥協しない人だった。それをあらわす逸話が、津和野★城主坂崎直盛《なおもり》の一件だ。大坂城落城の時救出された千姫の嫁ぎ先を心配した父の秀忠は、京に顔が広かった坂崎に婿探しを依頼した。そして、相手を見つけたのだが、千姫には心を寄せる相手（本多忠刻《ただとき》★）がいて、そちらに嫁ぐことになった。彼にしてみれば面目丸つぶれである。

　秀忠は、政略結婚の犠牲になり、幼くして豊臣秀頼のもとに嫁いだ千姫の望みどおりにしてやることにした。坂崎はへそを曲げて承知しない。そして、千姫の嫁入りを力で阻止すると言い出した。幕府は柳生宗矩《むねのり》★らを遣わして、なだめようとしたが、会おうともしない。

　幕閣はその対処に苦慮し、坂崎の重臣たちに奉書★を送り、主人である坂崎に自害させれば、家は存続させてやろうとそそのかすことにした。坂崎が自害するとは限らないから、殺せという意味が込められていた。もちろん、幕閣には坂崎の家を存続させるつもりもない。

　これに対して、正純は断固反対した。「将軍に逆らうという不臣を犯した者を

▼津和野
現在の島根県津和野町。坂崎家が断絶すると亀井家が領主となる。

▼本多忠刻
播磨国姫路新田藩の初代藩主。祖父は徳川四天王の本多忠勝。一五九六〜一六二六。

▼柳生宗矩
大和国柳生藩主。秀忠に柳生新陰流を教えた。柳生十兵衛の父。一五七一〜一六四六。

▼奉書
上意を奉じて侍臣らが下す命令書。

罰するのに、その家臣に不臣を犯させるというのはおかしい。そのようなことをしては天下の風俗が乱れる。むしろ軍勢を差し向けて出羽守（直盛）を討つべし」というのである。もっともな意見だ。

しかし、他の幕閣は、坂崎に千姫の婿探しを頼んだ秀忠の負い目も察して、攻め滅ぼすなどという大々的なことはやらず、先の案でいくことに一致した。正純はこの奉書に連署しなかったという。「正純の言は天下の名言」と柳生宗矩が感心したと、新井白石★は『藩翰譜《はんかんふ》★』に書いている。ちなみに、坂崎の家臣は、坂崎を酔わせて寝ている隙に首をとったという。そして、幕府は「主をたばかり、首をはねて献ずるなど無道の至り」と、坂崎家を取り潰した。

このような正純の性格は、主君の意を汲むという点では問題があった。父正信は家康に対してそれができた。しかし、大御所政治時代、対外的には家康の代理人として自分が政務を仕切ってきたという自負、あるいは驕《おご》りが正純にはあり、秀忠の心中をないがしろにしてしまい、秀忠はそれを敏感に感じ取っていたのかもしれない。

家康が亡くなり、正信もいなくなり、家康に遠慮しながら江戸で政治を行っていた秀忠や土井たちは、これからは自分たちの思うようにして、徳川政権を磐《ばん》石《じゃく》にしていこうと思っていた。そこにそのような性格の正純がやってきたわけで、彼らには邪魔な存在だったということは想像に難くない。

新井白石

▼新井白石
江戸中期の儒学者。六代将軍家宣と七代将軍家継の侍講、政治顧問。一六五七～一七二五。

▼『藩翰譜』
江戸初期の各藩の年譜。新井白石著。

加納御前の怒り

なぜ秀忠が十五万石という破格の処遇で正純を宇都宮に移したのか、その真意はわからない。宇都宮で奥羽へのおさえとしての役割を与え、正純を政治の中枢から遠ざけたい、あるいは、これまでの忠誠と貢献への恩賞として高禄を与えるから、政治の表舞台からは退いてほしいという気持ちがあったのかもしれない。いずれにしても、正純が自ら望んだわけではないだろう。ただ、その後の経緯を見ると、断われば、その段階で秀忠の勘気に触れたということで、何らかの処罰があったかもしれない。

加納御前はそのようなことは知らない。正純が私欲で奪ったと思った。弟の秀忠にも文句をいったが、決まったことである。

気位が高く、気性が激しかった加納御前は怒った。そして、宇都宮城の受け渡しの時、腹いせだろうが、城内の竹木を伐採し、家屋の屏風や障子など一切を取り外して古河にもっていこうとした。本来ならそっくりそのまま引き渡さなければならないことになっていた。いかに家康の娘であっても、それを破ることはできない。正純は国境に関を設けて、取り押さえたという。

加納御前の気持ちはおさまらないままとなったのである。しかも、彼女の正純への憎悪はこのことのためだけではない。

小田原城主の大久保忠隣は秀忠の側近として人望があったが、正信・正純父子とは政敵のような関係にあった。この忠隣が大久保長安事件を機に、幕命で所領没収となる。キリシタン禁制実施の命を受け、忠隣が小田原城を離れ、京に出向いていた時に、幕府はこの沙汰を伝えた。これは本多父子の中傷によると思われていた。

この忠隣の息子忠常《ただつね》のもとに加納御前の四女が嫁いでいるのである。すでに忠常はこの世を去っていたが、孫はいる。加納御前はわが娘の夫の実家を正信・正純が取り潰したと思っていた。それに加えて今回の古河への移封である。〝正純憎し〟の気持ちはいや増した。

城と城下町の整備

元和五年(一六一九)十月に宇都宮城主となった正純は、領内の検地を行うとともに、宇都宮城と城下町の整備に尽力する。二年半後には秀忠の日光社参が予定されているので、それに間に合わせるため、家臣や領民を動員しての工事が進められた。

特に大きな取り組みは奥州街道に手を加えたことである。奥州街道は宇都宮城

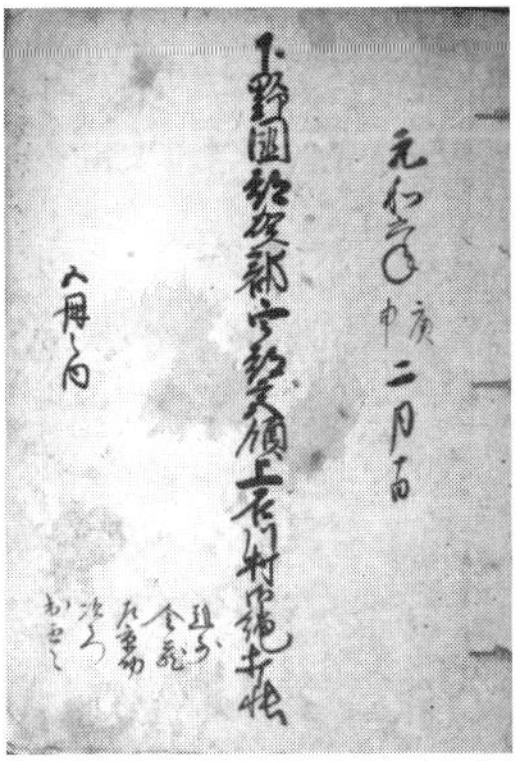

「下野国都賀郡宇都宮領上石川村御縄打水帳」

縄打水とは検地のこと。本多正純時代の上石川村(現・鹿沼市)の検地帳

(石川三郎家文書/栃木県立文書館寄託文書)

の東側を流れる田川に沿って北に走っていたが、それを城の西側に移して、そこに町並みをつくり、城の北西に位置する伝馬町で日光へ向かう日光街道と分岐させ、奥州街道は、そこから東に宇都宮城の北側を横断して、もとの奥州街道につながるという形にしたのである。この整備は将軍の日光社参の便をよくするのが第一の狙いだったが、防御のためでもあった。

旧来の奥州街道は田川の西側、つまり城寄りを走っていたため、そこから城へはほんのわずかの距離で、攻められやすくなっていた。これを西に移し、城の外郭を広げることで、その弱点を解消し、また、田川に外堀のような役目を負わせることができるようになったのだ。

このほか、北関東の要衝に位置するわりには宇都宮城の規模が小さいのに驚いた正純は、城の拡張工事に取り組んだ。それまで三の丸までしかなかった城域を大幅に拡張し、土塁や空堀をつくるなどして防御能力を高めた。そして、広げたことによって城内に位置してしまう寺を外に移し、城の防御に役立つような場所に配置した。また、三の丸の太鼓門の前に三日月堀★を新設する。

これらの工事の資材運搬のため、水路も切り開き、これがのちに灌漑用水に利用されるようになった。

城内の工事では、将軍の社参のために本丸内の建物も新築したが、この時根来同心との諍いがあった。同心とは江戸幕府の下級役人のことで、根来衆は紀伊の

日光街道

▼三日月堀
城の出入り口の前に築いた橋頭堡である馬出しの外側につくられた、弧状の堀。

根来寺の僧兵を中心とした軍事集団で、特に鉄砲を得意とした。豊臣秀吉に弾圧されたが、のちに徳川家などに仕えた。この根来同心一〇〇人（二〇〇人とも）が正信の代に公儀から本多家に預けられ、それを正純が受け継いでいた。迫っている秀忠の日光社参に間に合わせるため、城の改築は家臣や人夫を動員しての突貫工事だったが、正純は本丸工事を根来同心にも手伝わせようとした。ところが、根来同心は拒絶した。自分たちは公儀の人間だから、本多家の私用で働かされるのはいやだというのである。

正純は、本丸工事は将軍を迎えるためのものであり、私用ではないと、根来同心を働かせようとしたが、それでも動かない。激昂した正純は彼らを殺してしまった。新井白石は『藩翰譜』に「ことごとく斬って捨てた」と書いている。

宇都宮城下復元模型。天保14年の城下の様子が再現されている（栃木県立博物館蔵）

三日月堀（上図部分を拡大。三日月堀がある方が北側）

幸橋。近世の奥州街道が田川を渡る場所

②本多正純改易事件

世に知られる「宇都宮釣天井」の物語。本多正純による将軍暗殺計画の話である。このもととなったのが、徳川秀忠による本多正純改易である。幕閣随一の実力者、正純はなぜ突然の改易となったのか。

秀忠の日光社参の異変

正純は万全の態勢を整えて日光東照社での家康七回忌に臨む秀忠を待った。元和八年（一六二二）四月十二日、秀忠は江戸城を出立《しゅったつ》。その後の行程を『徳川実紀』★に従って追うと、その日は青山忠俊の岩槻《いわつき》城に泊まり、翌十三日、奥平忠昌の古河城に宿泊。十四日に宇都宮城に宿泊する。さらに十五日、今市で一泊し、十六日に日光着。七回忌を無事に済ませ、中禅寺に詣でるなどして十九日に日光を発った。予定では、同じ行程で江戸に戻るはずだったが、今市を発った頃、御《み》台所《だいどころ》★（お江与）が病気との知らせが入り、駕籠を急がせ、宇都宮を通らず、壬生、岩槻に泊まって、二十一日には江戸城に着いた。

この間、将軍に随行していた老中井上正就《まさなり》★が宇都宮城に向かい、宿泊がなくな

▼『徳川実紀』
江戸幕府が編纂した徳川家の歴史。

▼御台所
将軍などの妻の敬称。

▼井上正就
幼少から徳川秀忠に仕え、老中となる。恨みを買った目付に江戸城中で殺害される。一五七七～一六二八。

ったことを知らせ、将軍が宿泊する御殿の構造などを調べている。尋常のことではない。

なぜこのようなことをしたのか。秀忠は宇都宮城に泊まらず、逃げるように江戸に帰り、正就が城を検分した――このことからどのようなことが考えられるだろうか。宇都宮城に何か問題があり、その問題は秀忠の命にかかわることである――これ以外に理由が考えられるだろうか。御台所の病気が急ぎ帰った理由だとしたら、検分などしない。しかも、往路は何事もなく宇都宮城に泊まっている。復路に事情が変わったのだ。

『徳川実紀』では、世に伝わる話として、正純を快く思っていなかった加納御前が、御殿のつくりが奇巧であり、また、最近、京都から多くの鉄砲を持ち込んでいるなど不審なことが多いので、気をつけるようにと、秀忠一行へ堀利重《ほりとししげ》を遣わして知らせたところ、そういえば往路に宿泊した時、不審なことがあったということで、宇都宮城を避けたという話を紹介している。堀利重は大久保忠隣の親戚で、忠隣が改易されたあと、堀も禄を取られて奥平家預けとなっていた。加納御前だけでなく、堀も正純を憎んでいたのである。

しかし、『徳川実紀』では別の話として、秀忠が泊まる御殿には遣戸《やりじ》ごとにもう一つ戸を設けていて、これはそこから将軍暗殺の兵を侵入させるためだと人々が怪しんでいるという話や、浴室の板敷きが落ちるようにしてあり、その下に刃

日光東照宮の陽明門

を並べてあるという話があるとし、前者は地震で戸が開かなくなった時のための用心であり、後者に至ってはそのような形跡はないと、正純が何か仕掛けたという話を、つまり暗殺計画を否定し、「この人の罪たしかならず」としている。正純の罪はわからないというのである。要は、加納御前の言いがかりだったのだ。

正純の立場で考えて、宇都宮城で将軍を殺して、その後どうしようというのか。ただ単に暗殺を企てたのだとしたら自暴自棄以外、何ものでもない。智謀でのし上がってきた正純がそのような無計画なことはしない。では、他と連携して秀忠政権を打倒しようとしていたのか。しかし、そのような形跡はないのだ。

のちに「宇都宮釣《つり》天井」の作り話が広まったが、それは『大久保武蔵鐙《おおくぼむさしあぶみ》』に書かれた話であり、そこでは正純が松平忠長《ただなが》を将軍とせんがために謀ったこととしている。これなら、きちんと目的があるという理由で、正純が将軍暗殺を企てたのも納得できる。

忠長ではないが、正純改易前後、秀忠の兄結城《ゆうき》秀康の子で福井城主だった松平忠直《ただなお》に不審な動きがあった。それで、正純が忠直を将軍に据えようとしたということなら話はわかるが、しかし、そのようなことを示すものは何もない。

いずれにしても、正純に何か計略があったとしたら、往路で実行してもよかったはずである。しかし、それはなかった。秀忠は加納御前の讒訴に対して半信半疑だったかもしれないが、万が一のことを考えて、一気に江戸に戻ったのだろう。

▼松平忠長
徳川忠長。徳川秀忠の三男。兄の家光にうとまれ、自刃。一六〇六～一六三三。

▼松平忠直
結城秀康の長男で、徳川家康の孫。福井城主だったが、改易となる。一五九五～一六五〇。

本多正純領地召し上げ

秀忠の日光社参から四カ月ほどして出羽山形の最上義俊《もがみよしとし》の改易が決まった。最上家は東北の名門で義俊の祖父義光《よしあき》は東北の覇を競って伊達政宗や上杉景勝と争い、関ヶ原の戦いでは家康につき、五十七万石を領有していた。ところが、義俊の代になり、お家騒動で領地没収となるのである。そして城受け渡しの役を任ぜられたのが正純と永井直勝《なおかつ》だった。元和八年（一六二二）九月、正純は山形へ赴いた。上杉景勝、佐竹義宣《よしのぶ》★など周辺の諸大名も、最上家の抵抗に備えて兵を出す。

この時の正純について、佐竹家家老の梅津《うめづ》政景《まさかげ》が日記に記している。それによると、元和八年九月六日、正純らは山形に到着。出迎えた梅津政景は、正純と永井直勝から今回の仕置きの指示を受けている。また、九月十二日の日記には、佐竹義宣からの銀二〇〇枚などの進物を正純が受けなかったことが記されている。永井も正純に倣って受け取らなかった。正純の堅物ぶりが窺える。

九月二十九日、江戸から高木正次と伊丹康勝が山形にやってきて、十月一日に正純に、宇都宮の領地の召し上げ、出羽国由利への配流が言い渡される。正純には寝耳に水である。とはいえ、知行所五万五千石を与えられた。

このとき、高木と伊丹は一一の件につき、糺問《きゅうもん》した。正純はそれに対しては

▼永井直勝
笠間藩主。奥平家の後の古河藩主。小牧・長久手の戦いで池田恒興を討ち取る。一五六三〜一六二五。

▼佐竹義宣
関ヶ原の戦いで西軍につき、水戸五十四万石から秋田二十万石に減封となり、秋田藩の基礎を築く。一五四七〜一六一二。

一つひとつによどみなく答えた。責められるところはなかった。続いて、伊丹は懐中から三カ条の書付を出し、これを尋ねると、正純は答えられなかったという。

一一カ条の中身は定かでないが、三カ条は、根来同心を処刑したこと、鉄砲を買い入れ、ひそかに宇都宮城内に運んだこと、届け出以外にも城の修復を行ったことと推測されているが、これも確証はない。しかし、この三つは事実であり、そこを問い質《ただ》されれば、正純も返答に窮しただろう。

鉄砲に関しては、小山から宇都宮に移って、所帯が一気に五倍近くなったのだから、それに見合った数の鉄砲が必要だった。ただ、正純は、自分の地位への驕りか、必要な手続きを踏まずに処理してしまった。

これらの点を加納御前と堀利重が探り出し、秀忠に伝えたとも考えられる。

一方、梅津政景は、正純処分の理由を次の三つだと書いている。

一、福島正則《ふくしままさのり》★のこと
一、宇都宮拝領のこと
一、宇都宮城普請のこと

この本多正純の改易は諸大名にも衝撃を与えた。何しろ幕府の最高実力者と思われていた人物がはっきりした理由がないにもかかわらず領地を召し上げられたのだから当然である。これに対して、秀忠は土井利勝ら側近を在府の大名に出向かせて、その理由を説明させた。熊本の細川忠利★が聞いた説明は、正純の日頃の

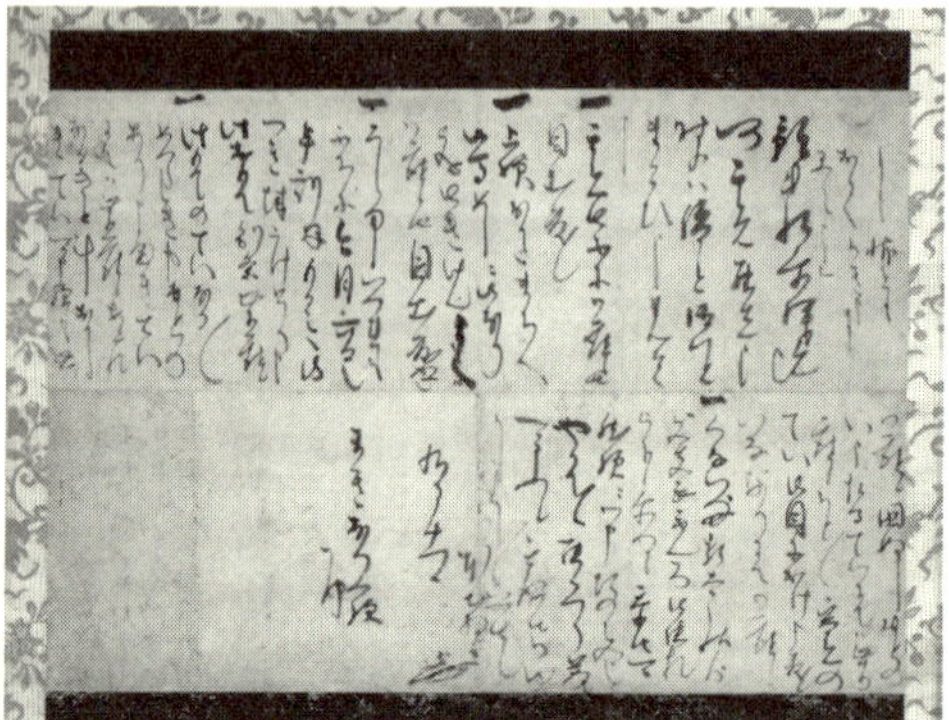

「本多正勝書状」。最上家の山形城を無事に受け取ったことを報告している。相手は不明
（栃木県立博物館蔵）

▼福島正則
幼少より豊臣秀吉のもとで働き、関ヶ原の戦いでは徳川家康に味方し、安芸・備後で五十万石を得たが、広島城の無届け修復により、信濃川中島四万五千石に減封。一五六一～一六二四。

ご奉公がよくないということであり、その具体的な理由として挙げられたのは、福島正則改易の時のことと、宇都宮拝領のことだった。

これは梅津政景が日記に書き残していることと同じで、幕府はこれを公の説明としたのだろう。

ここに出てくる「福島正則改易のこと」というのは、元和五年に福島正則が無断で広島城の普請をして、「武家諸法度」に触れて改易となった時のことである。秀忠は法度《はっと》を破って正則が城の普請をしていることを知り、改易を正純に命じたところ、正純が、「正則を改易にすれば、諸大名のうち一〇人くらいは頭をまるめて引きこもる」と、処分に待ったをかけた。それで、普請したところの破却を命じたのだが、正則はそれを十分に行わなかったので、怒った秀忠は正則の改易を断行した。ところが、正純のいうような引きこもる大名などいなかった。これが「福島正則改易のこと」である。秀忠は、正純になめられたと思ったのかもしれない。ともかく、このことを秀忠は遺恨に思っていた。

宇都宮拝領のことというのは、正純が改易の命を受ける前の八月に、「宇都宮は自分には荷が重い」というようなことをいったことである。秀忠は自分の差配に対して不満をいってきたのだから、これも不愉快だ。これは秀忠が宇都宮に寄らずに急ぎ江戸に帰った後のことである。正純がこのようなことをいったのは、日光社参の一件が関係していたのかもしれない。

▼細川忠利
肥後熊本藩初代藩主。父は細川忠興、母は明智光秀の娘、ガラシャ。一五八六～一六四一。

いずれにしても、この程度の理由である。加納御前の讒訴があって、それを調べたが、実際に暗殺を企てた気配はなかった証ともいえる。

それに、もし正純が将軍暗殺を謀ったのなら、いかに功臣とはいえ、首が飛んでいたはずである。秀忠はそのようなことはしなかった。その処分は配流《はいる》だが、五万五千石も与えようとしている。

想像するに、秀忠や土井利勝らは正純を政治の中枢から完全にはずしたかったが、徳川家の功臣を何の理由もなく左遷するわけにはいかない。そんな時、加納御前からの讒訴があった。利勝らが調べてみると、将軍暗殺などという大それた計画はなかったが、鉄砲のことなど正純の行動に追及すべき点が出てきた。これ幸いと、正純の処断を決めたのではないだろうか。

正純に山形城受け渡しの命が出る前の元和八年八月の段階で、古河の奥平家に宇都宮再封の内意があったという話もある。もしそれが本当なら正純の山形行きは、秀忠、土井利勝らの仕掛けだったのだ。山形城の受け渡しを名目に正純を宇都宮城から追い出し、抵抗できない形にして、山形で弾劾《だんがい》するという手順だったのである。そして、出羽国由利へ追いやる。そうなれば、正純が二度と幕政に参画することはない。大久保忠隣改易の時、幕府は忠隣を小田原城から出し、出先の京都で改易の沙汰をしたが、これは本多父子の策と目される。秀忠らはこれと同じ手法を使ったわけで、皮肉なものである。

さて、正純は五万五千石を断わった。そのような仕打ちを受ける理由はないと思ったのだろう。これに秀忠は激怒。秀忠にしてみれば、これまでの功績を考え、五万五千石を与えたのに、その気持ちを無にされたわけだ。そして出羽国大沢で千石を与えるとの沙汰が下った。その後正純は子の正勝とともに佐竹義宣に預けられ、さらに横手に移された。

こうして、秀忠、利勝らは、正純を排除することができたのである。

宇都宮釣天井

今もって闇の部分が多い本多正純改易事件。だからこそ、想像力が働く余地があり、ここから「宇都宮釣《つり》天井」の話がつくられていくのである。

初見は近世中期に書かれた『大久保武蔵鐙』とされている。これは「宇都宮騒動之記」、「彦左衛門功蹟之記」などいろいろな話で構成されていて、「宇都宮騒動之記」が宇都宮釣天井の物語である。

その内容は、次のようなものである。

本多正純は秀忠の三男、忠長を三代将軍にしたかったが、かなわず、家光が将軍となった。そこで平岩親吉《ひらいわちかよし》★と密談し、日光社参の際に、正純の居城、宇都宮城で家光を暗殺することにした。その方法は、家光が使う湯殿の天井を吊り、その

本多正純配流所跡
（現・秋田県大仙市大沢郷宿字宿）
（宇都宮市教育委員会提供）

▼平岩親吉
徳川譜代の家臣。徳川家康の子で、尾張城主の徳川義直の家老となり、また、尾張国犬山城主などを務める。一五四二〜一六一一。

上に大きな岩を載せ、家光が湯浴《あ》みをしている時に、吊り上げている縄を切り、側廻りともども圧殺してしまおうというものである。そのため、普請が済んだら莫大な恩賞を与えるという条件で領内の腕のいい大工を一〇人集め、城内に留めて仕事をさせた。絵図どおり仕掛けはできあがったが、恩賞を与えるまで城外に出てはならないと、大工たちを城内に留めた。

その中に、与五郎という若くて美男の大工がいた。与五郎は、塩谷《しおや》村の庄屋、藤左衛門の一人娘、お早と将来を誓い合っていた。しかし、身分が違うと藤左衛門に反対されていた。お早と所帯をもちたい与五郎は、今度の仕事で恩賞が入れば、田地を買うことができ、藤左衛門にも納得してもらえると思った。このことを早くお早に伝えたいが、城を出られない。与五郎は大工仲間の一人に相談した。すると、門番に知人がいるので、とにかく頼み込んでみるということになった。賄賂を少し手に握らせ、門番の協力が得られ、ある夜、明け七つ（午前四時頃）までに帰ることを約し、与五郎はお早のもとに走った。愛おしいお早と会えた与五郎は、恩賞が入ること、そして、釣天井をつくったことまでも話した。

与五郎は約束の刻限には戻ったが、運悪く、与五郎が出ていった後、本多家の家臣が大工たちの部屋を見回りにきた。頭数を数えると一人足りない。大工たちは事情を話し、許しを請うた。夜明けにまた見回りにきて、与五郎が戻っているのを確認した家臣は、正純に報告し、このようなことではいつ発覚するかもしれず、禍《わざわい》の元になる大工たちを討ち捨てることを進言した。正純はそれを認め、大工たちは一人ずつ奥庭に連れ出され、斬り殺され、遺体は古井戸に投げ込まれた。

慌てたのは与五郎を通した門番である。自分にもお咎めがあると思い逃げ出した。この門番の口から大工が殺されたことが知れ渡り、大工の家族たちが城門に押しかけた。城側は、大工たちが御用金を盗み出そうとして発覚し、死罪となったと説明した。

これを伝え聞いたお早は、正直者の与五郎がそのようなことをするはずがない、与五郎が話した釣天井のことゆえか、あるいは抜け出したことゆえか、理由はわからないが、与五郎と別れては生きる甲斐がないと、与五郎から聞いた話をしたため、命をたった。

娘の書き残したものを読んだ藤左衛門は、悲しみ、そして一大事と思い、宇都宮に近づいていた、将軍日光社参の先導となっていた井伊直孝《いいなおたか》に注進した。直孝は一計を案じ、江戸から大御所（秀忠）が危篤との手紙を届けさせ、家光を江戸に帰らせるように仕向ける。石橋宿★に着いた家光に直孝は事の次第を説明。家光が宇都宮城に来ないことを知った正純が石橋の本陣を襲う恐れもあるということで、同行していた遠州掛川城主松平定綱《さだつな》を呼び出し、家光は定綱の駕籠に乗り、将軍家の先導を装い一気に江戸に戻り、定綱が家光になりすまし、将軍の駕籠に乗って後から江戸に戻るという偽装を行った。

▼石橋宿
現在の栃木県下野市。

寛永元年（一六二四）の出来事とされている。正純は捕らえられ、切腹となる。

以上が『大久保武蔵鐙』の宇都宮釣天井事件の話だが、例えば、家光が将軍となった時は本多正純は失脚しているし、平岩親吉はすでに死んでいる。このようにこの話は、本多正純改易事件をもとにしたまったくの作り話なのだが、旧幕臣で明治になって清国公使を務めた大鳥圭介《おおとりけいすけ》★が、戊辰戦争時に宇都宮城を攻めた時のことを記したくだりで、「釣天井以来の建物がない」といっていて、一方、やはり旧幕軍の一人として宇都宮城を攻めた桑名藩士の石井勇次郎も「本丸にはまだ釣天井の跡がある」などと書き残しているところをみると、宇都宮城の釣天井は、明治に至るまで本当のことと思われていたようである。

図らずも汚名を残すことになった正純は七十三歳まで生き、寛永十四年（一六三七）三月に没する。その子正勝は寛永七年五月に由利で死んでいる。ただ、その子孫は旗本となり、家は残った。

本多正純の宇都宮経営はわずか三年で終わった。頭が切れる正純が腰を据えて領国経営を行ったらどのような城下になっていたか、見てみたかった。

▼大鳥圭介
幕末の幕臣。歩兵奉行。一八三三〜一九一一。

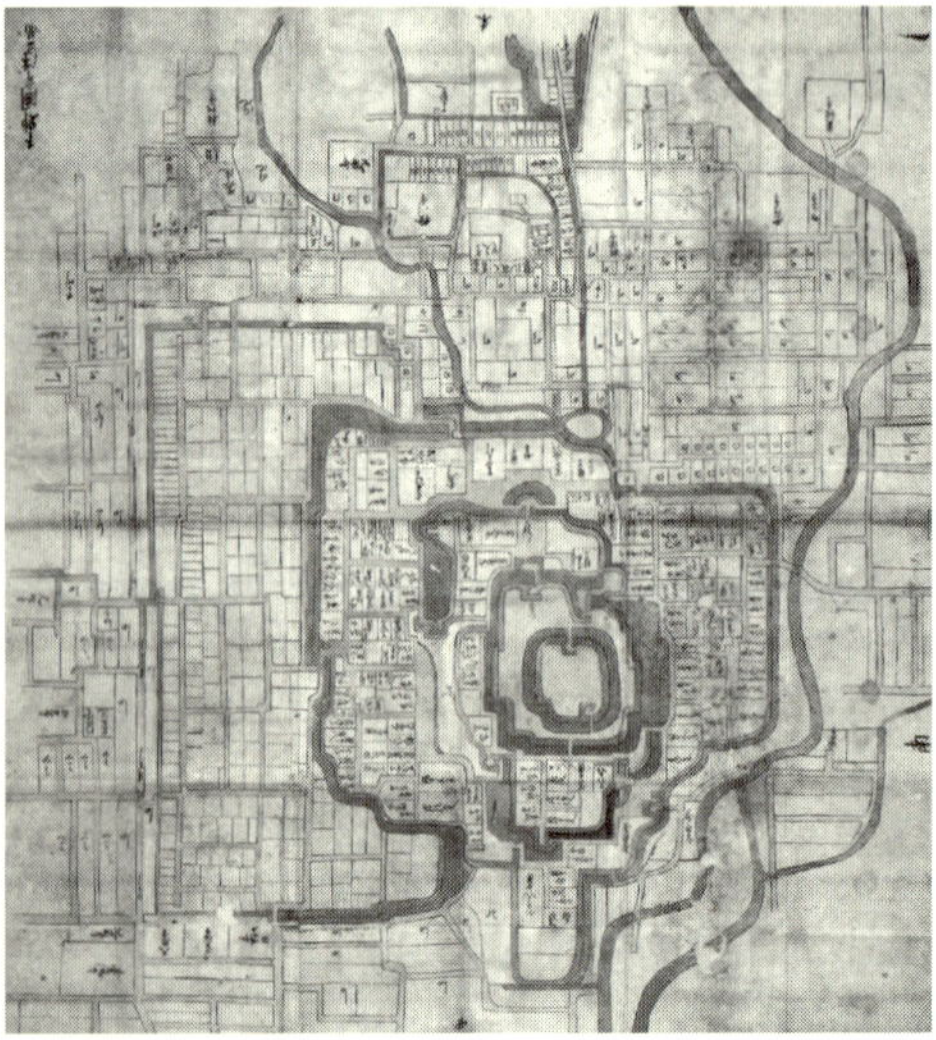

「下野宇津宮図」第２次奥平時代の宇都宮を描いている
（栃木県立博物館蔵）

③ 奥平家、宇都宮に戻る

奥平忠昌が再び宇都宮城主となる。その治世は四十六年に及ぶが、この間、一三回もの日光社参があり、忠昌はその対応に追われる。忠昌の死後、幕府に禁じられていた殉死事件が起き、家中騒然となる。

忠昌期の日光社参は一三回

元和八年（一六二二）、奥平忠昌《ただまさ》は宇都宮城主に返り咲いた。加納御前はさぞ満足だったろう。加納御前はこの三年後に他界する。忠昌は、これから寛文八年（一六六八）まで、長きにわたり宇都宮を治めた。

この間の忠昌のいちばんの仕事は将軍家の日光社参だった。将軍家の日光社参の回数は江戸期を通して一九回だが、そのうちの一三回が忠昌の時に行われ、うち一〇回が家光によるものである。家光以降では、家綱が二回、吉宗、家治、家慶がそれぞれ一回ずつ実施。家綱の二度目の社参が一六六三年で、以後、百八十年間でわずか三回しか行われなかった。五代から七代将軍までは行っていない。

日光社参は単に将軍が家康の廟に参るというだけでなく、御三家、大名、旗本

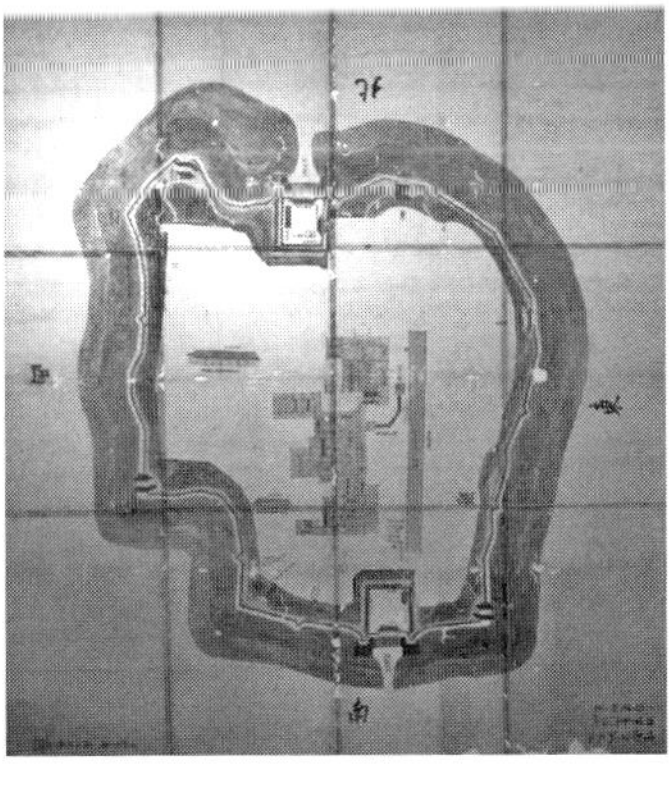

「宇都宮城本丸将軍家御泊城ノ節建物ノ図」（宇都宮市教育委員会提供）

らも参加する一大行事で、これによって将軍家の力を誇示した。行列は十数万人にもなり、これが江戸から日光まで移動する。それだけで莫大な費用を要する。例えば、安永五年（一七七六）の家治の社参の時には二二万三〇〇〇両★もかかった。家光以降、回数が減ったのは莫大な費用がかかるという理由が大きかった。

行列は利根川を渡るが、社参の際には、船橋をつくったという。吉宗の時の享保の社参の時には五一艘の船を並べ、それを鎖でつないで板を敷いて、その上に菰《こも》や土をのせ、さらに砂を盛って橋にした。すぐにできるわけではなく、天保の社参の時は三年も準備に要した。また、大名・旗本が引き連れる人員は、例えば、享保の社参では、十万石以上だと、旗五本、槍七〇本、弓三〇張り、鉄砲一〇〇挺、馬上四〇騎というように石高に応じて規定されていて、これだけで二五〇人近くの人員が動員されている。

行列が通るところを領する大名の負担、特に将軍が宿泊する大名は大変だった。将軍の宿泊所は新築または修理され、行列が通る道々の整備も行い、また、家臣や城下の町家《ちょうか》は自分たちの家を宿泊所として提供しなければならなかった。寺院も同様である。行列には関八州★の各村々から人馬が多数動員され、安永の社参では、馬三〇万頭以上を要したという。このような人馬は助郷《すけごう》として徴発され、これが農民の生活を圧迫することにもなった。

この大規模行事が、忠昌が宇都宮城主を務めた四十六年の間に一三回もあった。

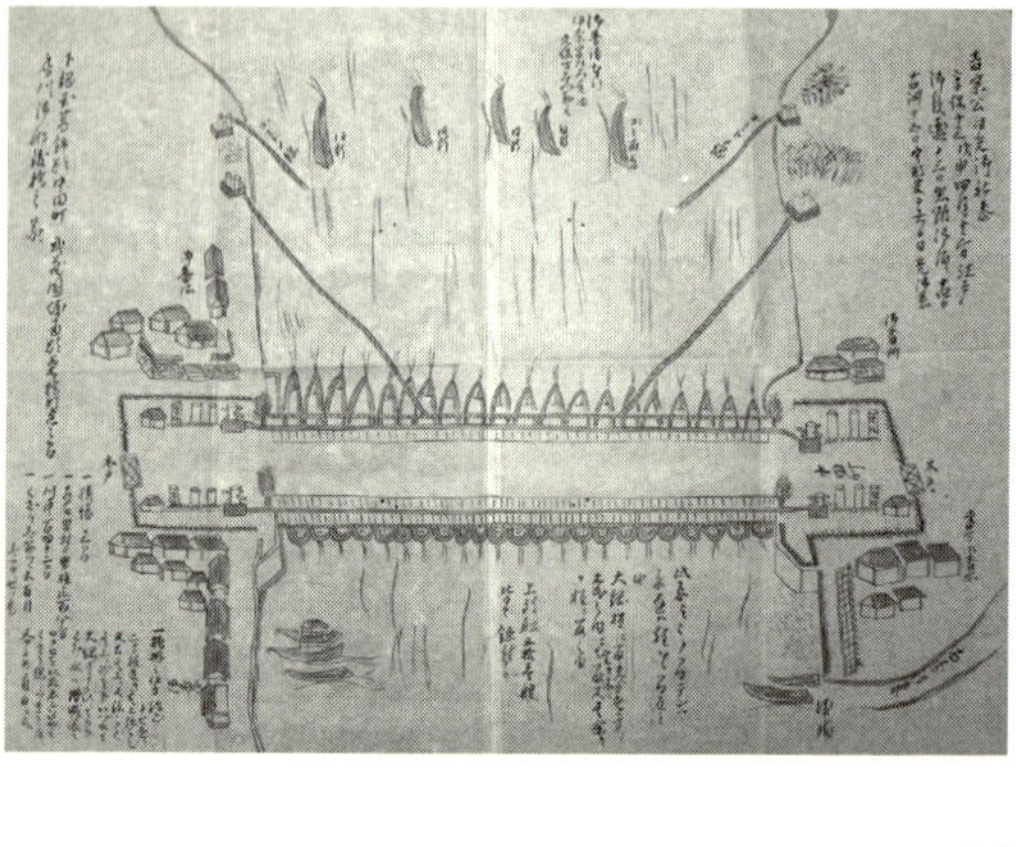

「日光道房川御船渡之図」享保十三年、徳川吉宗の日光社参時に日光街道の栗橋―中田間の利根川に渡された舟橋（大島延次郎家文書／栃木県立文書館寄託文書）

三・五年に一度のペースだが、一年の間に秀忠と家光が社参を行ったこともあり、奥平家をあげてその対応に追われたのである。

忠昌の死と殉死事件

寛文八年（一六六八）二月十九日、奥平忠昌が、病を得て江戸・汐留の上屋敷でこの世を去った。六十一歳。この忠昌の死が、奥平家の移封と江戸三大仇討ちの一つとされる仇討ち事件をもたらすことになる。

これより先の寛文三年、幕府は殉死を禁じた。にもかかわらず、忠昌の死後、忠昌の小姓を務め、寵愛された杉浦右衛門兵衛が割腹し、主君の跡を追った。杉浦はもちろん幕府の禁を知っていた。だから、死ぬつもりはなかったが、忠昌の嫡男昌能《まさよし》が殉死を促したといわれる。

これをどう幕府に報告するか。偽らずに報告すれば、お咎めは避けられない。法を破って追い腹を切ったとなれば、一族の者に累が及ぶだけでなく、主家《しゅか》も取り潰しになりかねないのである。それで杉浦の一族は「狂死」としようとした。藩の重臣たちも、「狂死、病死とすべきだ」、「いや、そんなことをしても、いずれ発覚する」と結論が出ない。結局、「殉死」と断を下したのは昌能である。

この問題に関する幕府の裁可が昌能に伝えられたのは八月になってからだが、

▼江戸時代の貨幣価値
日銀金融研究所の米価を基準にした計算によると、金一両は江戸初期で大体一〇万円、中～後期で三～五万円、幕末で三～四〇〇〇円。二二万三〇〇〇両は、三万円で計算すると六六億九〇〇〇万円、五万円では一一一億五〇〇〇万円にもなる。

▼関八州
関東八州。箱根から東の相模、武蔵、安房、上総、下総、常陸、上野、下野の八カ国。

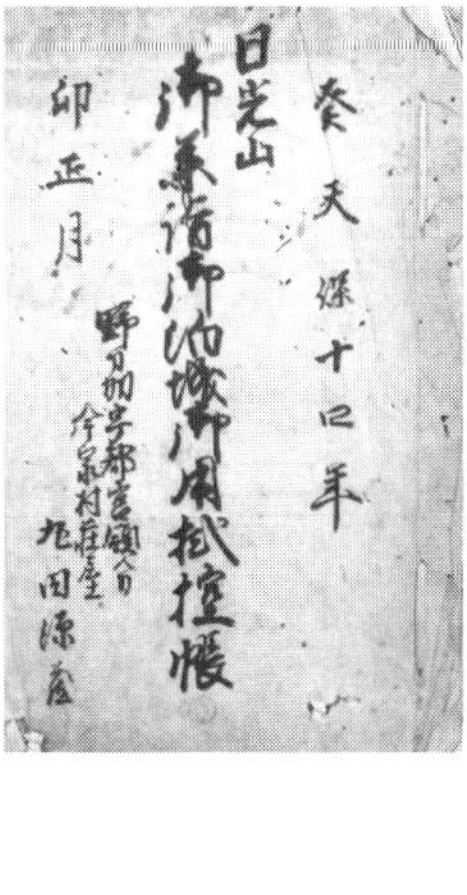

「日光山御参詣御泊城御用掛控帳」天保十四年の日光社参の時、一行の宇都宮宿泊の際に今泉村に宿を割り当てられた鉄砲百人組に関する記録
（辰巳四郎家文書／栃木県立文書館寄贈文書）

その前にもう一つ、不祥事があった。宇都宮城から北東に進み、田川を渡ったところに興禅寺がある。正和三年（一三一四）に宇都宮貞綱によって創建され、宇都宮家の改易によって衰退、奥平家昌によって再興された寺で奥平家の菩提寺である。三月二日、ここで忠昌の二七日《ふたなぬか》★の法要が行われたのだが、この時、奥平内《く》蔵允《らのじょう》と奥平隼人《はやと》による刃傷《にんじょう》事件が起きたのだ。内蔵允は五老の一家、隼人は七族の一家でともに奥平家の大身。しかも母方の従兄弟同士だったが、内蔵允は文の人で、一方の隼人は武を重んじていた。

この日、内蔵允は体調が悪く、一子源八を代参させることにした。寺に来たのが源八だけだったので、隼人は源八に嫌味をいった。そこに、病を押して内蔵允がやってきた。隼人は、今度は内蔵允の遅参をなじった。それに激した内蔵允が隼人に斬りつけるのである。遅参をなじられたくらいで刃傷に及ぶのは短慮と思われるかもしれないが、実は二人の諍いはこの時だけではなかった。

それより前、忠昌の葬儀の前日、大身が集まり、葬儀の打ち合わせをしたのだが、その際、忠昌の位牌を隼人が読めず、内蔵允はすらすらと読んだ。悔しく思った隼人は「内蔵允殿はよき出家」と皮肉った。これに対し、内蔵允は「われが出家なら、そなたは沙弥《しゃみ》★だ」と返した。隼人は「われが沙弥なら、貴殿は小僧だ。だいたい貴殿は学識はあるが、武芸はわれに劣る。そのような文弱漢は三河以来武勇の誉れ高き先祖の功名を穢《けが》すものだ」と朋輩《ほうばい》居並ぶところで罵《ののし》った。内蔵允

興禅寺

▼二七日
死後十四日目の忌日。

▼沙弥
仏門に入ったばかりの未熟な僧。

は高慢な振る舞いが目に付く隼人を日頃から快く思っていなかったが、この言い様に激怒。刺し違えようとさえ思ったが、時と場所をわきまえ自重した。

そして、二七日法要。遅参した内蔵允を見た隼人は、「貴殿一人のためにご法要が遅れた」などとまた罵ったのだ。「遅参したが、定められた刻限には遅れていない」と言葉を返す内蔵允の顔は、先日のこともあり怒りで蒼白。それでも大切な法事と思い、堪《こら》えたが、焼香が済んでとうとう爆発したのだ。脇差しを抜き、隼人に斬りかかる。剣術では隼人が上である。しかも、内蔵允は病身。内蔵允の刃は隼人の頬をかすった程度で、逆に隼人に肩先を斬られ、さらにその場に居合わせた隼人の弟主馬允《しゅめのじょう》にも一太刀浴びせられた。このままだったら、内蔵允は斬り殺されていたろう。幸い大身衆の一人、兵藤玄蕃《ひょうどうげんば》が間に入り、この場を収めた。その後、内蔵允は自邸で療養していたが、四月二十二日、割腹した。

大身同士が喧嘩をし、片方が自刃した。家中騒然とした。当然、隼人も腹を斬るべきだとの声が上がる。源八からも、昌能から隼人に切腹を申し付けてほしいとの訴えがあった。隼人の親戚、奥平武兵衛も切腹を促し、隼人も観念したが、隼人の父半斎は受け入れなかった。「斬りつけたのは内蔵允であり、隼人には非はない」というのである。兵藤玄蕃も、隼人にも即刻切腹を命じなければ家中が収まらず、主家に累を及ぼすと昌能に訴えた。

これに対して昌能はどのような判断をしたのか。昌能は隼人を気に入っていた。

切腹させたくない。ともかく、両家とも家康に謁見が許された家柄であるから、幕府の意向を聞こうと、内々にこの事態を相談した。幕府の判断は「内蔵允は乱心。源八は改易。隼人には非はなく、処分勝手たるべし」というものだった。

幕府の内意が出ても、昌能はすぐには源八の処分は行わなかった。隼人の処分は「勝手たるべし」となったが、昌能は隼人を処分したくはない。かといって源八だけを処分すれば、内蔵允の親族や彼に好意を寄せていた家臣たちが黙っていない。またひと騒動起こる。それで、源八の処分を引き延ばしていたのだ。

そうこうするうちに八月となった。三日のことである。江戸屋敷に過ごす昌能に幕府から呼び出しがあり、幕閣から、二万石を召し上げ九万石とし、山形への所替えという上意が伝えられた。殉死禁制にもかかわらず、家臣がそれを破ったことに対する処罰である。軽いものだ。本来なら改易といわれても文句をいえない。これまでの忠勤により情状酌量となったのである。ただ、この処罰は殉死だけが理由ではなく、内蔵允と隼人のいざこざも加味されていたようだ。新井白石は、法に背いて殉死者を出しただけでなく、内蔵允と隼人との問題など、「家中物騒がしき事、多かりしが故なり」と『藩翰譜』に記している。

殉死をした杉浦の一族には、杉浦の子善右衛門とその弟で他家の養子となっていた吉十郎の切腹などの処分が下された。八月五日、幕府は諸侯を集め、殉死を改めて厳しく禁じ、杉浦一族の処罰以降、殉死はなくなったという。

4 浄瑠璃坂の仇討ち

寛文十二年二月、江戸・浄瑠璃坂で仇討ち事件が起きた。

奥平家の元家臣たちによって行われた、江戸三大仇討ちの一つ、浄瑠璃坂の仇討ちである。

それから三十年後の赤穂義士の討ち入りは、これを参考にしたといわれる。

奥平源八追放

杉浦右衛門兵衛の件が解決した後、昌能はようやく源八と隼人の処置を行い、ともに追放とした。九月のことである。源八から見れば、これは納得がいかない。内蔵允《くらのじょう》は切腹したのだから、喧嘩両成敗ならば、隼人にも腹を斬らせるべきである。ところが、隼人贔屓《びいき》の昌能は父半斎と隼人の追放で済ませてしまった。しかも、内蔵允を斬りつけた主馬允《しゅめのじょう》は、別家に養子に出ていて、奥平家に残った。

この処分をよしとしなかったのは源八だけではなかった。日頃から内蔵允と親しくしていた奥平伝蔵《おくだいらでんぞう》、夏目外記《げき》、兵藤玄蕃《ひょうどうげんば》ら重臣たちは、源八とともに、奥平家の禄を捨てたのである。藩主の命よりも義をとったともいえる。奥平家には、おかしければ主にも逆らう戦国時代の気風が残っていた。

ちなみに、昌能には次のような逸話がある。

父の跡を継ぐ前の話だが、昌能が城の近くを流れる田川で釣りをしていると、いつもと違って川が濁っていて魚があまりとれない。おかしいと思い、家臣に川上を調べさせたところ、山伏が数人水垢離《みずごり》をしていた。怒った昌能は、そのうちの二人を斬らせた。斬られた山伏の弟子九人がその処置を恨み、幕府に訴えようとしたので、今度はその弟子たちも斬ってしまったというのである。

このように、昌能には暴君的な面があり、世間では彼のことを「荒《あら》大善」と呼んだ。源八に従って奥平家を離れた家臣は、このような昌能を主君と仰ぐに足らずと思ったのかもしれない。昌能の処置に憤慨し、源八とともに宇都宮を離れたのは、夏目外記、奥平伝蔵、平野左門《ひらのさもん》、兵藤玄蕃ら総勢四〇人以上。彼らは黒羽の大関増栄《おおぜきますなが》が領する深沢村を隠れ家とした。

多くの武士が家族とともに隠れ住むとあれば目立つ。領主に無断でということはあり得ない。当然増栄の了解があったはずである。これについては、源八一党の中心人物、夏目外記が大関家の重臣、浄法寺《じょうほうじ》茂明と親戚関係にあって、かつ深沢村は茂明が大関家から賜っていた五百石の中にあったため、茂明が主君の了解を得て、源八たちに隠れ家を提供したとの説がある。

さて、深沢村を拠点とした源八一党★の目指すはただ一つ、隼人の首である。源八はまだ十一歳だったので、夏目外記や奥平伝蔵らが源八を支える形になった。

▼大関増栄
下野黒羽藩五代藩主。

▼（奥平）源八一党
奥平源八（大身・千石）とその家来、中間。
夏目外記（大身で家老の夏目勘解由の嫡男で、源八の叔父、部屋住み料三百石）とその家来、中間。
奥平伝蔵（源八の従兄弟、五百石）とその家来。
平野左門（六百石）とその家来
桑名友之丞（夏目外記の親戚、四百石）、弟頼母、弟三七と家来。
白川八郎左衛門（夏目外記の伯父、三百石）
後藤安右衛門（三百石）
菅沼治太夫（三百石）・五郎兵衛
生田弥左衛門（二百五十石）と長男久五郎、次男伝七郎、三男与四郎
細井又左衛門（内蔵允の寄子、二百石）
細井嘉兵衛（内蔵允の寄子、百石）
三輪庄兵衛（玄蕃の寄子、百石）
上曾根甚五右衛門（玄蕃の寄子、百石）
大内重太夫（十五石）
武井伝兵衛（十五石）
川俣三之助（伝蔵の寄子、十五石）
兵藤玄蕃（大身・千二百石）と嫡男主殿（部屋住み料二百石）

昌能も隼人も、源八一党が隼人を討とうとしていることはわかっている。隼人を討たせたくない昌能は日頃から親しい付き合いをしている同じ下野の壬生二万石・三浦安次《やすつぐ》に隼人の保護を頼んだ。寛文八年（一六六八）九月二日、隼人とその父半斎、弟九兵衛は鉄砲を備えた護衛に守られ、壬生に入った。

源八らはこの途次に討とうとも考えたが、この時柱となる玄蕃や伝蔵が江戸にあり、また、昌能の命令で護送しているところを襲えば、旧主に弓を引くことになるとの理由から控えた。

一方、転封となった昌能は山形に移り、隼人の弟主馬允は主君に従った。

源八一党は壬生に入った隼人の動静を探っていたが、三浦家に厳重に守られていて、討つのは容易ではない。そのうち、隼人を討つため、源八らが壬生城下に火を放つなどという話が城下に広がっていった。源八らが広めた流言《るげん》だという。

あわてたのは三浦安次である。隼人の首一つのために領民に害が及んではたまらない。出ていってもらわなければならない。隼人も承諾したが、安次としては昌能から預かった手前、ただ放り出すわけにはいかず、昵懇《じっこん》の信州高島★の城主に依頼、護衛をつけて隼人らを送り届けた。これは極秘裏に進められたので、源八らは隼人の所在がわからなくなった。江戸に逃れたのではないかと、必死に探索したが、杳《よう》として行方が知れなかった。

▼信州高島
現・長野県諏訪市。

宇都宮を流れる田川

主馬允を討ち取る

そして翌年、山形にいる主馬允《しゅめのじょう》の情報が入った。山形には源八らにひそかに味方する者も多く、そこからの知らせである。

隼人は弟の主馬允のみが離れていることが心配だった。高島なら敵に見つかることもないだろうとも思った。そこで、雇っていた浪人二人を山形に迎えに行かせたのである。主馬允も父や兄とともにいたいという気持ちがあり、出府していた主君昌能の了解を得て、山形を離れることになった。このことが深沢村にいる源八一党のところに知らされたのである。

主馬允は内蔵允を傷つけた憎き仇の一人。その首はとりたい。しかも、主馬允を討てば、行方がわからない隼人も出てくるのではないかと考えた源八一党は、山形を出る主馬允を待ち伏せることにした。もっとも、源八はこれに加わらなかった。あくまで狙いは隼人の首である。それをとる前に源八にもしものことがあっては、仇討ちが成り立たなくなるからだ。

山形へ向かったのは夏目外記、奥平伝蔵、平野左門ら一五人。彼らは山形に、さらに米沢領の赤湯温泉に身を隠し、主馬允の動向を探った。そして、寛文九年（一六六九）七月十一日、山形の同志から主馬允が十二日に山形を発つという

現在の高島城

知らせが入った。外記らは勇躍して、米沢街道を山形方面に向かい、上山《かみのやま》領内で主馬允らが来るのを見つけた。敵は隼人が使いとして出した浪人を含め二十数人。外記らは主馬允一行の前に立ちはだかった。主馬允も相手が誰であるか気づく。外記は名乗りを上げ、斬りかかった。他の面々がそれに従う。主馬允も受けて立つ。四〇人近い数での斬り合いが展開されたが、士気で外記らが勝っていたのだろう、主馬允方は主馬允を含め七人が討ち取られた。一方の外記らは平野左門以下五人が傷を負ったのみだった。

弟を殺された隼人は、高島もそのうち探り当てられる、親類縁者が多い江戸のほうが安全と考え、寛文十年春、半斎、九兵衛らとともに江戸に向かった。彼らは親戚の直参《じきさん》★のもとに滞在し、その後のことを打ち合わせ、半斎の弟が禄を食《は》む阿部家の岩槻城内二の丸に住むことになった。源八一党はそれを突き止めたが、城内では手が出せない。そこで追い出し策をもって岩槻を去らしめたといわれている。壬生から追い出したのと同じようなことをしたのかもしれない。

岩槻にいられなくなった隼人たちは、また姿を消した。追い出し策を講じながら、源八一党はまた見失った。不覚である。おそらく江戸府内に隠れているのだろうと必死に探索した。このような江戸での活動は、深沢村から江戸に出て、常駐していた桑名頼母らが担っていた。頼母らは一度隼人の居場所を突き止めたが、隼人らはすぐに居を移し、また見失ってしまった。

▼直参
将軍家直属の一万石未満の武士。旗本・御家人の総称。

隼人が最終的に落ち着いたのは浄瑠璃坂の上、牛込鷹匠町である。居を構えたところは坂の上で通り抜けができず、しかも、御鷹《おたか》部屋★があるため、木戸門があって番人がいる。得体の知れない人間が立ち入ることはできない場所である。身を守るには格好の立地と隼人には思えた。屋敷の一棟には半斎と九兵衛、もう一棟には隼人が住み、それぞれに家来も住み、さらに雇い入れた浪人が屋敷を守るという形にした。さらに、隣の地主の屋敷内の貸し家を自らの隠れ家とした。

もっとも、隼人らは守りに徹していたわけではない。配下に江戸の町を見回らせ、源八の一味を捜したのである。そのため、頼母らも居所を度々替える必要があった。そして、源八一党は、ついに隼人が隠れる浄瑠璃坂の上の屋敷を突き止めたのである。

二度の死闘

突き止めてからがまた大変だった。屋敷内はどのようになっているのか、そして、隼人を守る人数はどれくらいなのかわからなかったからである。木戸門があり、しかも行き止まりとなっているので、通行人のふりをして探ることはできない。公儀も源八一党が府内で騒ぎを起こすことを恐れ、源八、奥平伝蔵、夏目外記の三人を庇《かば》う者はお咎めがあるとの触れを出した。それでも一党に力を貸す者

▼御鷹部屋
鷹の飼育・調教を行う鷹匠の住まい。

浄瑠璃坂案内板

浄瑠璃坂

浄瑠璃坂屋敷跡
（現・東京都新宿区市谷鷹匠町浄瑠璃坂上）

がいて、金銭面では、桑名友之丞、頼母と昵懇の間柄である本町の万屋八右衛門が支援した。そのような中、時をかけて、隼人の隠れ家の様子を探り、討ち入りの手はずが整った。

いざ決行である。源八以下、深沢村にいた者は鬼怒川★を下り、在府の同志と浅草駒形で落ち合った。一同は、いずれも牛革でつくられた頭巾、羽織、股引《ももひき》などをつけ、鉢巻を結ぶ。頼母は、若衆髷《わかしゅかつら》を付け、源八と同じ髪型にしていた。敵の攻撃が源八に集中するのを避けるためだ。そして、「敵か」と問えば「山」と答える合い言葉を決め、隼人がいる牛込鷹匠町の屋敷を目指した。時は寛文十二年(一六七二)二月二日、内蔵允が自刃してから四年ほどが過ぎていた。

浄瑠璃坂に着くと、周囲の家々を訪ね、これから隼人の屋敷に討ち入るが一切迷惑をかけない旨を伝えた。そして、寅の刻(午前四時頃)、隼人が潜む屋敷の固く閉じられた門を大斧《おおおの》で打ち壊し、屋敷内になだれ込んだ。その数、源八らの若党、中間《ちゅうげん》を含め、四二人。迎え撃つ半斎、九兵衛とその家来、雇われた浪人と、源八一党との激闘が繰り広げられた。年老いた半斎が討ち取られ、半斎とともに戦っていた九兵衛も討たれる。この二人を含め隼人方は一六人が死んだ。

一方、源八のほうは、大里清左衛門が隼人の屋敷で死んでいた。この時は不明だったが、別々にあった半斎と隼人の居所を結ぶ抜け穴で果てていたことがのちにわかったのだ。また、桑名友之丞と三七が傷を負った。この二人は数日後、息

▼鬼怒川
現在の日光市奥鬼怒に発し、宇都宮の東側を流れ、利根川に合する河川。以前は毛野川、衣川、絹川と表記された。葛飾北斎の絵、「絹川はちふせ」には「絹川」の表記がある。

を引き取っている。隼人はいなかった。いくら捜しても見つからなかった。

源八たちは、近所で戸板を借り、手負いの者を載せて、半数ほどを先に引き揚げさせ、隼人を討てなかった無念さを胸に牛込土橋まで戻ってきた。

この時、隼人はどこにいたのか。これがわかっていない。一説に親戚の大久保家に碁を打ちにいっていて、深夜に及んだとあり、もう一説に屋敷内に身を隠していたとある。前者であれば油断であり、後者であれば卑怯である。武を重んじ、文弱漢と内蔵允を罵った隼人とは思えない。

いずれにしても、父と弟の亡骸《なきがら》を見た隼人は、怒りをあらわに手勢二〇人ばかりを引き連れ、浄瑠璃坂を下っていく源八たちを追いかけた。決死の闘いをした源八たちは疲労困憊《こんぱい》していた。その上、人数も半減していた。駆け寄ってくる隼人らと数はほぼ同じ。細井嘉兵衛は「あれこそ数年その首を望んだ隼人だ。いざひと勝負」と声を上げる。その言葉で再び力がみなぎった一同は隼人を迎え撃つべく、身構える。大内重太夫は右手に傷を負っていたので刀を左手に持ち替えた。迫りくる隼人らの中の一人が矢を放った。弓勢《ゆぜい》弱く、川俣三之助の前歯に刺さった。三之助はこれをかなぐり捨て、矢を射かけた敵を討ち果たした。これを機に双方入り乱れての斬り合いが始まった。江戸町民たちはもう目覚め、日々の活動を始めていた。彼らが多く見守る中で、死闘の第二幕が展開された。

伝蔵らと切り結ぶ中、隼人は土橋の下に落ちた。そこに伝蔵らが組み付き、橋の上から源八が槍で止《とど》めを刺した。源八たちは凱歌を挙げた。

源八たちの討ち入りから隼人を討つ間、ずっと見守っていた二〇人ほどの侍がいた。なぜか討ち入りには加わらなかった兵藤玄蕃とその手の者である。もし源八らが隼人を討ち損じたら、自分たちが討ち取るつもりだったが、源八たちの凱歌を聞き、姿を消していた。

仇討ちを見事成し遂げた源八たちは、人を遣わして隼人の首を興禅寺の内蔵允の墓前に供え、家来などに暇を取らせた上で、源八、外記、伝蔵の三人が、大老井伊直澄《いいなおずみ》の屋敷に赴いた。事の次第を話し、腹を切ろうというのである。

直澄は、源八らが井伊家を選んで出頭したことを「武門の誉れ」とえらく喜んだ。幕閣はこの処置を検討。府内を騒がせた罪で死罪にしようとしたが、直澄が反対し、大島への流罪《るざい》となった。また、直接討ち入りにはかかわらなかったが、夏目勘解由など源八に加担したと目された奥平家の家臣は閉門となった。

浄瑠璃坂の仇討ちと忠臣蔵

この仇討ちは江戸三大仇討ちのひとつとされ、赤穂義士による吉良邸討ち入りがあるまでは、仇討ちといえば、浄瑠璃坂の仇討ちが庶民の口に上っていた。赤穂義士の討ち入りはこれから三十年後のことであるが、大石内蔵助はすでに生まれていて、また、さらに年上の堀部弥兵衛などは江戸にいた。浄瑠璃坂の仇討ちについて知らなかったはずはない。

例えば、三田村鳶魚《みたむらえんぎょ》★などは、揃いの衣裳を着ていること、事後に訴えでて公裁を仰いだことなど、そっくり大石たちが実行していて、また、隼人がいなかったことなどもいい参考にしていると書いている。

確かに、大石は討ち入り当日吉良義央《よしなか》が間違いなく在宅しているかどうか、執拗に調べ、赤穂義士の一人、大高源吾を通して、茶人山田宗徧の協力を得て、義央が間違いなくいるという日を探り、それに合わせて決行している。

源八らの場合、隼人があとから追いかけてきたからいいようなものの、もしそうでなかったら、浄瑠璃坂の仇討ちは大失敗となっていて、みっともない結果に終わったかもしれない。大石はその轍を踏まなかった。鳶魚がいうように大石の頭には浄瑠璃坂の仇討ちのこともあったと考えることもできる。奥平家の歴史を記した『中津藩史』の著者黒屋直房も、大石の討ち入りの手段は、この浄瑠璃坂の仇討ちから学んだ形跡が多いと書いている。

さて、流罪となった源八たちはどうしたか。延宝六年（一六七八）、天樹院（千姫）の法要の時、井伊家が赦免を嘆願し、通った。そして、井伊家は三人を召し抱えた。討ち入りに加わったその他の面々も、例えば平野左門が松浦家★に、川俣三之助や大内重太夫、武井伝兵衛は稲葉家★にというようにみな召し抱えられた。

▼三田村鳶魚
明治から昭和にかけての江戸文化研究家。

▼松浦家
肥前国平戸藩四代の松浦鎮信。

▼稲葉家
相模国小田原藩主稲葉正則。

第三章 松平忠弘から六家の支配

入れ替わる藩主。そして戸田家の領国経営へ。

1 めまぐるしく替わる城主

江戸時代前半の宇都宮は藩主交替の歴史でもあった。宝永四年に宇都宮城主となった戸田忠真は、勅使接待役の浅野長矩が刃傷に及んだ際、急遽、その役を担い、無事果たした人物である。忠真は老中も務めた。

百年で六家が入れ替わる

奥平家が出羽国山形に移り、入れ替わって山形から宇都宮に来たのは松平忠弘《ただひろ》である。この松平家は奥平家と同族で、奥平松平家という。奥平信昌の長子が宇都宮城主となった家昌だが、忠弘の父忠明《ただあきら》は家昌の弟、つまり、加納御前の息子で、家康の外孫《がいそん》である。忠弘は姫路城主だった父の跡を継ぎ、その後山形に移り、寛文八年（一六六八）、宇都宮城主となった。もっとも、忠弘の宇都宮支配は十三年と短く、この間、領内の新田検地を行ったこと以外、特筆すべき事績はない。

続いて天和元年（一六八一）、陸奥国白河から移ったのが本多忠泰《ただひら》。これもわずか四年で大和郡山に行ったが、年貢を低く抑えるなど善政を敷いたようで、領民から慕われ、大和郡山に移ってからも宇都宮の領民との交流が続いた★という。

▼領民との交流が続いた
交流は忠泰とその養子忠常まで続き、忠常の墓の建立時、廟所の門を宇都宮の者がつくっている。

貞享二年（一六八五）、本多家の後、奥平家が三たび宇都宮城主となる。浄瑠璃坂の仇討ちの時、奥平隼人を庇った昌能は嗣子がなく、妹の子を後継者とした。それがこの時に宇都宮に来た昌章《まさあきら》である。昌章の時の元禄二年（一六八九）、順番医制度が導入されている。旅人が病気となった時に対応するためで、奥州街道、日光街道が通る宇都宮は、当然旅人が多く、その便宜を図ったものだろう。この制度は幕末まで続き、医師の数は二〇人ほどだった。

昌章の跡を二男昌成《まさしげ》が継ぎ、元禄十年、丹後国宮津へ移封。同所から阿部正邦《あべまさくに》が来る。先祖の阿部正勝《あべまさかつ》が、徳川家康が竹千代時代に織田・今川に人質になった際に従うなど、阿部家は譜代として代々徳川家に仕えてきた家である。阿部家の治世もわずか十三年ほどで、この時の元禄十四年、幕府は農村支配のための帳簿である郷帳の作成を正邦に命じ、正邦は下野郷帳をつくっている。当時の下野国の石高は約六十八万石だった。また、宝永五年（一七〇八）、麻布の御花畑の普請に助力し、幕府より時服《じふく》一五領賜っている。

宝永七年、阿部家は備後国福山に移り、戸田忠真《ただざね》が越後国高田からやってくる。この戸田家が三代続き、さらに松平家二代を経て、安永三年（一七七四）に再び戸田家が入り、ようやく安定し、明治まで宇都宮城を守り続けるのである。松平忠弘から二度目の戸田家が入るまでの約百年の間に六家が宇都宮を統治した。

戸田家と忠臣蔵

戸田家は忠真《ただざね》の曾祖父尊次《たかつぐ》の時の慶長六年（一六〇一）に一万一千石の三河国田原城主として大名としての歴史を始め、着実に石高を増やしていき、忠真の父忠昌の時には京都所司代★を務め、忠真の時には六万石を超えていた。

阿部家に代わって宇都宮城主になった忠真は、下総国佐倉城主時代に寺社奉行★を務めた。忠真が厳格公正だった逸話がある。紀州徳川家と高野山との間で、領地問題で係争があった。新しい寺社奉行が就任するたびに高野山が提訴するのだが、歴代の寺社奉行は紀州家に遠慮して、裁定を引き延ばししていた。忠真はこれを公正に判断し、紀州家に非があるとした。また、高野山の僧徒が幕府の命に背いたことがあり、六百余人を流罪にしたという。

この忠真の時に大事件が起きた。元禄十四年（一七〇一）、勅使《ちょくし》江戸下向の際、その接待役の播州赤穂の浅野長矩《ながのり》が、江戸城中で幕府の儀式礼典を司る高家の吉良義央《よしなか》に斬りつけたのである。長矩はその役を解かれ、これが赤穂義士の討ち入りへと続くのだが、長矩に代わって急遽その役を命じられたのが忠真だった。

事前に命じられていたとしても、その役を全うするのは大変なことだ。これを突如任された。命じたのは柳沢吉保《よしやす》★である。とんだとばっちりで家中大騒ぎだっ

▼京都所司代
忠昌の在任期間は一六七六〜一六八一。

▼寺社奉行
忠真の在任期間は一六八七〜一六九九。

戸田尊次が使用した兜
（二荒山神社蔵）

▼柳沢吉保
五代将軍徳川綱吉の側用人。老中。川越藩主から甲府藩主になる。一六五八〜一七一四。

たが、忠真と家臣が力を合わせ、なんとか無事に務めを果たすことができた。

のちに宇都宮城に一つの火鉢があったという。浅野家の定紋《じょうもん》がついたもので、幕末時には戸田家の学問所である修道館の広間に置かれていた。浅野家との引き継ぎなどの際にまぎれたものだろう。当時、それほど混乱していたともいえる。

このような貢献があったにもかかわらず、吉保は同年、忠真に越後国高田への所替えを命じた。戸田家にとって雪国は初めてで、家臣一同苦労したようだ。宝永六年（一七〇九）、将軍綱吉がこの世を去ると柳沢吉保も失脚。それとともに、戸田家は宇都宮に移封となる。家臣たちは、宇都宮は雪が少ないことを喜んだという。

この忠真の時の家臣の話としておもしろいものが一つ残っている。目付役に斉田軍兵衛という者がいた。城内外を巡視している時、不審な者などを見ると、懐中から手帳を取り出して何やら書きとめる。子どもがいたずらをしていたり、中間や小者《こもの》が卑猥《ひわい》な歌を歌っていたりするところに出くわした時も、手帳を取り出して書く。ひょっとしたらそのために咎められるのではと、軍兵衛が通ると泣く子も黙ってしまうほどになった。

何が書かれているのか、誰もが気になる。で、軍兵衛が死んだ時、その手帳を見てみたら、「南無阿弥陀仏」とその時々に記されていたのみだった。軍兵衛は、不審な者や気になる者を見た時、どういうつもりか、ただ「南無阿弥陀仏」と書

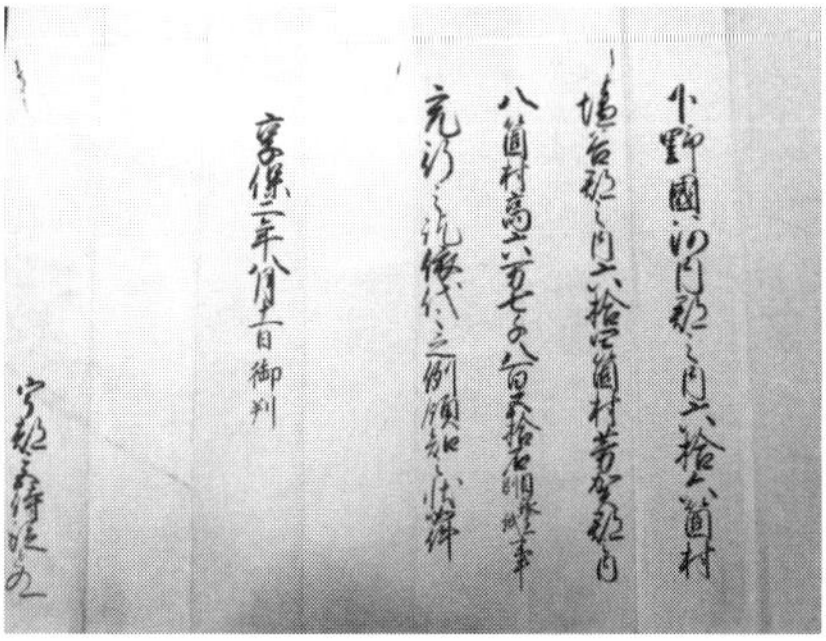
領地朱印状写
戸田忠真が徳川吉宗から与えられた領知朱印状
（戸田忠和家文書／栃木県立文書館蔵）

いただけだったのである。

将軍吉宗による享保の日光社参はこの忠真の時に行われている。忠真は老中職★にあり、社参の時は江戸城で将軍の留守を預かっていたため、吉宗が宇都宮城に宿泊した時、その代理として拝謁したのは忠余《ただみ》である。

忠余は忠真の弟忠章の嫡男だったが、忠真の養子となり、次の宇都宮城主を務め、さらに忠余の四男の忠盈《ただみつ》が継ぎ、寛延二年（一七四九）、肥前国島原への移封となる。忠盈は病弱で二十五歳で隠居している。

忠盈は、島原に移る少し前の延享五年（一七四八）、領内の村々に対して「御教条之趣」を出している。領民が守るべき心を指示したもので、書き出しは「教えの道久しく絶え」とあり、人心に荒廃の様子が見られるのを憂えてのことだろう。

その内容は、最近の風潮は親子兄弟親しい間でも、損得に関して互いに恨んだり憤ったりし、富める者は奢り、貧しき者は諂《へつら》うなど、世は乱れていて、これは五常の教えが行われず、五倫の序が明らかでないからだとし、それは主（領主）の恥であり、だからといって法を厳しくすれば、罪に陥る民が増えてしまう。そこで「有司」に命じて、導くようにするとし、役人が村々を回って、名主に村中の者を集めさせ、「毎年三度ずつ読み聞かせよ」と「解釈帳」なるものをつけた。

これは十項目からなり、五倫とは、君臣、父子、夫婦、兄弟、朋友のことであり、五条とは五倫の間で常に守らなければならない道であると説明し、それぞれ

▼老中
忠真の在任期間は一七一四～一七二九。

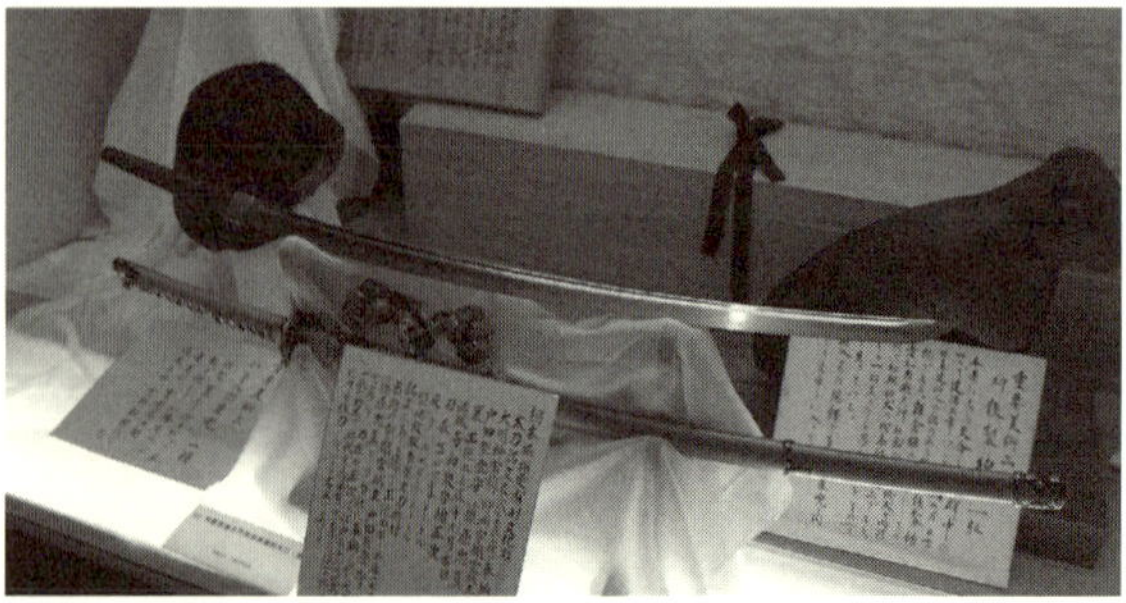

戸田忠真奉納太刀
正徳２年に忠真が宇都宮大明神（現・二荒山神社）に奉納したもの（二荒山神社蔵）

において守るべきことをわかりやすく説いている。
一例として、父子（親子）の道の項目のところを紹介しておくと、子は成人になると親の言うことを聞かなくなり、妻帯して子どもが生まれると愛情はそちらにいってしまい、いよいよ孝行がおろそかになってしまう。それではいけないのであり、いつまでも孝行の心を忘れてはならないのだが、ただ、富める者が父母に衣食で十分に満足させたとしても、そこに心がなければ孝行とはいえない。貧しくて、父母に十分な衣食を与えることができなくても、父が杖をついて田畑の草を取り、母が腰を二重に屈め、孫の守りをするのを心からありがたく思い、一つの鍋の中の食べ物も温かいものは父母へ、たらいで足を洗う時もまず父母からというようにし、町に出かけたときには、茶碗酒の一杯、三文の菓子でも土産に持ってくるように心がければ、父母は他人から金銭をもらうよりも悦ぶものであり、そのような子どもの心遣いによって、父母はわが身が衰え疲れるのを知らずに、快く一生を送ることができる。これが誠の孝行である。同様の心で、伯父叔母、親方、他人の年寄りと交わるべし、
と説いている。
忠盈は、人心の荒廃に対して厳罰で対処せず、このように領民の心を変えることで、世の中を変えようとしたのである。

戸田氏系譜

忠次《ただつぐ》（三郎右衛門尉 戸田氏の祖）―尊次《たかつぐ》（田原城主）―忠能《ただよし》（田原城主）―忠昌《ただまさ》―忠真《ただざね》（宇都宮城主）―忠余《ただみ》―忠盈《ただみつ》―忠寛《ただとお》―忠翰《ただなか》―忠延《ただのぶ》―忠温《ただはる》―忠明《ただあき》―忠恕《ただゆき》＝忠友《ただとも》

2

籾摺騒動

戸田家に続いて宇都宮城主となった松平家の治世下、大規模な一揆が起きた。三千人もの農民が結集し、増税の撤回を求めたのだ。松平家は武力で鎮圧、首謀者を捕らえ、処刑した。百姓一揆史に残る「籾摺騒動」である。

松平家の増税

戸田氏と入れ代わりで島原から宇都宮にやってきたのは松平忠祇《ただまさ》である。この松平氏は、その祖が三河国深津城を拠点としていたので、深津松平氏という。忠祇は、寛延二年（一七四九）四月、父忠刻《ただとき》が急に病没したため、十二歳で家督を継いだ。そして七月、宇都宮への所替えとなり、宝暦十二年（一七六二）、二十五歳の若さで弟忠恕《ただひろ》に家督を譲った。

この頃の松平家は困窮に喘《あえ》いでいた。島原から引っ越すのに、旅費、江戸屋敷の費用など、諸費用合計で約六万八五〇〇両もかかり、財政難となっていたうえ、宇都宮領内は新田が多く、収穫高は少なく、懐具合は悪くなる一方だった。

忠恕は、建て直しのため、領内の豪商に御用金を申し付けたり、家臣から俸給を借り上げたり、幕府から借用したりしたが、一時的な手当てにしかならず、財政が改善されることはなかった。

そのような時に起きたのが、「籾摺《もみすり》騒動」と呼ばれる大きな一揆である。明和元年（一七六四）のことだ。

米の籾の時の量と玄米になってからの量との歩合《ぶあい》を籾摺り歩合《ぶあい》という。松平家では財政改善策の一つとして、それまで五合摺りだった年貢米を六合摺りにしたのである。五合摺りとは籾一升から玄米が五合とれるものとして決められた年貢で、六合摺りとなると、籾一升から六合とれるという基準になって、農民にとっては増税だ。これを五合摺りにするための闘争として農民一揆が起こった。

この増税の内容について、以前はこれが通説となっていたが、『宇都宮市史』では否定されている。実際は、六合摺りだったのを五合摺りにし、その代わり、用捨引《ようしゃびき》という控除率を従来よりも低くしたというのである。一見減税のようだが、用捨引の割合が下がったことにより、実質的には増税となった。これに農民は激したというわけだ。

それはともかく、増税による一揆があったことは間違いない。以前は七合摺りでもやっていけたが、手入れが粗略になり、肥料に依存する農業となっていて、さらに肝心の肥料の値段が高くなり、農民たちはぎりぎりの生活だった。その上天災もあり、黙って受け入れるわけにはいかなかったのだ。

二千〜三千の農民が蜂起

農民には、この増税が豪商への借金の返済のためのものと映った。九月十二日、村々に強訴《ごうそ》★の廻状がわたり、宇都宮南部の農民たちが、手に鎌や山刀《なた》などをもって集まった。最初の目標となったのが、酒造、質店などを営んでいた石塚文右衛門の家である。農民は「酒を振る舞え」と押し入り、酒をあおるなどした。さらに、他の農民も加わり、夕方には宇都宮大明神の馬場に集まった。

松平家では放っておくわけにもいかず、大目付松野源太夫が足軽二十人ほどを引き連れて農民たちの前に現れた。「どうしてこのような騒動を起こすのか」と松野は農民と話を始めた。そして、このような騒動を起こしたことについてはきっと吟味するが、願いがあるなら取り次ぐから、速やかに村々に帰れと伝えた。

これに対し、農民たちは増税前の状態に戻すことを要求。松野源太夫は、農民たちの意にかなうようにすると約束。これを聞いた農民たちは大明神前をとりあえず立ち退いたが、それぞれの村に戻ったわけではなかった。強訴に加わらなかった簗瀬《やなぜ》村や今泉村の名主の家に押しかけたのだ。両名主は「願いのことは同心である」とここも参加することになり、翌十三日にはその数は五百〜六百人になっていた。そしてさらに、近在で加わらなかった名主を襲い、その家を荒らし、

▼強訴
当初は社寺による徒党を組んでの権力者への訴えを指したが、のちに農民の領主に対する集団の戦いも意味するようになった。

酒屋に押し入るなどしたので、城下は騒然となった。集団は前日押し入った石塚家にも再び乱入。家人は逃げ去っていて、農民たちは酒桶を壊したりするなどして大いに暴れたのである。

宇都宮城内では対策を協議。鵜殿平十郎、松野らが、今度は足軽をそれぞれ三百人ほど引き連れて鎮圧に向かった。この頃には一揆勢は二千～三千にもなっていた。鵜殿平十郎らはとりあえず石塚家を守ろうとしたが、農民は抵抗。数に勝る農民は城の手勢を圧倒した。すでに翌日の明け方になっていた。鵜殿は農民たちの一団に馬で突入。農民たちは酒屋に積んであった薪を投げつけ、鵜殿はほうほうの体で逃げた。城下の酒屋や茶屋は、押し寄せる農民に酒や食べ物を提供させられた。

このような騒動が江戸に知れたら大変だ。松平家では対策に本腰を入れることにした。剛の者を三百人ほど選抜。松平三郎太郎と松野源太夫を指揮官に、「手向かう者は打ち倒せ、縛れ」と下知《げち》。鎮圧のために城を出た。農民たちはまた薪などを投げつけ、抵抗したが、甲冑に身を固めた三郎太郎は槍を振るって突進。何人かの農民をなぎ倒し、他の手勢も三郎太郎に続く。この勢いに農民たちは蜘蛛の子を散らすように逃げ去った。

松平家では、農民が再び押し寄せることもあり得ると、城下の口々を警戒。さらに、壬生に加勢を請う馬を走らせたが、結局、これで一揆は沈静した。その後、商人などに変装した松平家の隠《かくし》目付が一揆の首謀者を探索して、捕縛、処刑した。

この頃、大きな天災も多かった。籾摺騒動の年と二年後の明和三年（一七六六）には宇都宮を大洪水が襲っている。前者は二四〇戸が流失、約三百人の死者を出した。後者の洪水は六月に起きた。この年は春から干天《かんてん》が続いていたが、六月十六日から雨が降り、翌日は大雨となり、さらに夜になると雷雨となって雨量が一気に増えた。このため十八日に日が変わってしばらくした頃から城下を流れる釜川や田川の水が溢れ出し、それが町々を襲ったのである。

水は城まで迫り、城の番所や家臣の長屋が破損したり、流されたりしたが、特に被害が大きかったのは、商人や職人が住む下町で、明け方寝ているところに水が押し寄せ、逃げる間もなく家ごと流されるところもあった。この時城下を襲った洪水の高さは一丈余（三メートルほど）にもなったという。また、農地を流れる川も氾濫し、田畑を流失させた。結果、二三〇戸が流失、一一八人が死んだ。忠恕はこれによる減収を乗り切るため、幕府から六〇〇〇両を借りた。

さらに安永二年（一七七三）三月には、西風が激しく吹いている時に城下の西にあった鍛冶屋から出火。火は瞬く間に城下に広がり、四一町が被害にあい、一二九五戸が焼失。さらに、寺院と門前の家屋は三二四戸が、農村は一九四戸が焼け、合計で一八一三戸が焼失し、四五人の焼死者を出した。

どうも忠恕は宇都宮では悪いことばかりだったようだ。

③ 戸田家再び宇都宮へ

戸田家が宇都宮に戻り、以来、廃藩置県まで宇都宮は戸田家に統治される。
戸田忠温は、外国船が日本を脅かす中、老中として阿部正弘とともに幕政を担った。
この忠温の時に家臣の仇討ち事件が起きている。

ふくらむ借金

安永三年（一七七四）、松平家が島原に戻り（この時は約四万両かかったという）、戸田家が再び宇都宮城主となった。以後、廃藩置県まで宇都宮は戸田家が領することになる。

島原から宇都宮までは遠い。そのため、戸田家でも、松平家と同様、引っ越しには莫大な費用がかかった。

それ以前にすでに戸田家の財政は苦しかった。この時の殿様は忠寛《ただとお》。能力もあったようだが、出世欲も強かった。江戸から遠い島原では幕府の要職に就けないので、宇都宮へ戻るために各方面に働きかけ、その費用がかさんだ。そのため、それまでは豊かだった台所事情が、忠寛になって急に厳しくなったのだ。そして、

『戸田家明細書』
戸田家の系図
（戸田忠和家文書／栃木県立文書館蔵）

念願かなって宇都宮に戻れることになったが、戻るための費用に窮してしまった。引っ越しの途中、大坂で資財枯渇の有り様となったのだ。そのため、一歩も先へ進めない。救世主となったのが、江戸の豪商、川村伝左衛門★だった。

「それほどお困りならお任せ下さい」

と、ポンと金を貸し、その他の便宜《べんぎ》も図り、戸田家の家臣たちはようやく宇都宮に入ることができた。伝左衛門はさらに「戸田家の財政再建を任せてくれれば、五年で借財を整理してみせます」といって、人を宇都宮まで派遣したのだが、戸田家の財政を預かる者が頑迷でこれを拒否。それだけでなく、以後、負債の返済もしなかった。助けてもらっておいて、これはひどいが、幕末になって戸田家が再び多額の金を必要とした時、また助けるのが川村家なのである。

宇都宮に戻れた忠寛は、幕府の要職に就くため、さらに金を使った。その結果、安永四年に寺社奉行になったのを皮切りに、大坂城代★、京都所司代を歴任しているが、以後、約百年にわたって戸田家の財政は火の車状態が続く。そうなったのは、この時の乱費が原因だと『戸田御家記★』では書いている。加えて、寺社奉行となった翌年の安永五年には将軍家治による日光社参があった。これも財政悪化に拍車をかけたのである。

▼川村伝左衛門
川村家は江戸日本橋で幕府御用達の材木商を営み、戸田家の江戸藩邸はその近くにあった。「これも宇都宮」参照。

▼大坂城代
近畿の警備と西国大名の監視を行う幕府の職名。五、六万石以上の譜代大名が任命された。

▼『戸田御家記』
宇都宮最後の城主戸田忠友の嗣子忠庸が、戸田家の家扶（かふ）松井恒太郎に編纂させた戸田家の記録。

『善行録』の刊行

寛政十年（一七九八）に忠寛の跡を継いだ長男の忠翰《ただなか》は、病弱でもあり、また財政的な余裕もなかったこともあって、父と違い出世や名誉を望まなかった。十三年ほど城主を務め、五十一歳で隠居して、深川の江戸屋敷で静かに余生を過ごしたという。

この忠翰、西洋の器物を好み、また、絵をよくし、南蘋《なんぴん》派★の森蘭斎に師事して「桃寿帯鳥図」などの絵を残している。

忠翰は文化八年（一八一一）四月に三男の忠延《ただのぶ》に家督を譲ったが、その直後に戸田家は『善行録』をつくっている。延享四年（一七四七）から文化六年（一八〇九）までに褒美を受けた一五七人の善行を記したもので、奇特者、孝行者、忠義者、農業精出《せいだし》者、孝心者、実直者、貞節者、潔白者が取り上げられている。これを各村々に配り、領民の教化を図った。

忠延の在位期間は十二年と父とほぼ同じだか、父が引退して余生を送ったのとは異なり、三十四歳の若さで、父より先に死んでいる。この間、忠延は逼迫した財政をなんとかしようと腐心した。その一つが家臣の給金・給米の削減、貸付金や扶持米の前渡しの禁止などである。これによって家臣は厳しい生活を強いられ

▼南蘋派
長崎に渡来した中国の沈南蘋の流れを汲むという日本画の一派。江戸中期から後期にかけて流行した。

戸田忠翰作「桃寿帯鳥図」（栃木県立博物館蔵）

ることになるが、戸田家自身の借金が利息などで膨らむ一方だったのだから仕方がない。

　農地の荒廃も進み、天災が追い打ちをかけ、領内の生産力は落ち込んでいった。家臣や領民の苦難を解決するため、忠延は幕府へいろいろな嘆願を行ったが、それも実らず、もともと病身だった上に気苦労が重なり、これが命を縮めたともいえる。

本多良之助の仇討ち

　忠延の跡を継いだのは、弟の忠温《ただはる》である。忠温は、忠翰の側室となった鹿沼★の町家の娘を母として宇都宮城で生まれた。文政六年（一八二三）二月、忠延の養子となり、四月に家督を継いだ。

　この忠温の時に、仇討ち事件が起きている。

　文政十二年十二月八日、宇都宮城下で惨殺事件があった。場所は鈴木忠左衛門宅。この夜、三十歳代の忠左衛門は本多国太夫を招き、酒を酌み交わしていた。忠左衛門は郷士の家に生まれたが、剣術を好み、その腕を見込まれ、戸田家中の鈴木孫太夫の養子となり、四両二人扶持という身分だった。酒の相手、国太夫は普請方小頭で年は四十九歳。

▼鹿沼
現・栃木県鹿沼市。

忠左衛門は、自分ではあまり飲まず、国太夫に酒を勧める。杯を重ねた国太夫は大分酔ってきた。忠左衛門の謀《はかりごと》だった。忠左衛門は酔った国太夫を斬殺。その夜、妻とともに逐電《ちくでん》した。

恨みである――といっても見当違いのものだ。

身分の低い忠左衛門は出世を望んでいた。家中では毎年御前試合が行われていた。忠左衛門はここで一円流免許皆伝の自慢の剣を披露できれば出世もかなうかもしれないと、意気込んで試合に臨んだ。順当に勝ち進んだ忠左衛門の四人目の相手となったのが国太夫だった。年齢の差からいっても、免許皆伝の腕からいっても、忠左衛門が勝つものと誰もが思ったが、あにはからんや、国太夫に不覚をとってしまったのだ。国太夫が悪いわけではない。にもかかわらず、忠左衛門は出世の望みを絶った国太夫を恨んだのである。こうして騙し討ちが行われた。

鈴木家はもちろん、討たれた本多家も家名断絶。七歳の男子と三歳の女子をもつ国太夫の妻は貧しい生活を余儀なくされた。

それから十一年後の天保十一年(一八四〇)六月十九日の夜、十八歳となっていた国太夫の一子、良之助は、水戸近くの大串村の古寺の床下に潜んでいた。

良之助は父の仇を討つべく、剣、槍の修業を怠らず元服。母方の遠縁の政五郎が商いで各地を歩いていることから、これを道案内に仇を捜す旅に出た。そして、大串村に忠左衛門らしい男が住んでいるという情報を得て、ひそかに確認したところ、間違いなく忠左衛門だった。古寺、宝性院に隠れ住んでいたのだ。良之助らは忠左衛門が朝起きてきたところを討とうとした。そして朝を迎え、忠左衛門が洗面のために井戸端に出てきたところを、床下から飛び出し、名乗って討ち果たしたのである。

仇討ちを成就した良之助と政五郎は、村役人のところに出頭。連絡を受けた水戸家では役人を現地に派遣して、良之助や忠左衛門の妻に事情聴取を行った。忠左衛門の妻は、夫が国太夫を殺害し、夫婦で逃げ、水戸領内に入ったことを話した。両者の話が合っているので、父の仇討ちであることは間違いないとして、忠左衛門の死骸を塩詰めにし、これを戸田家に知らせた。戸田家では忠左衛門らの顔を知っている家臣を派遣し検分。間違いないことを確認し、良之助の身柄を引き取った。

宇都宮に戻った良之助は孝子として英雄扱いされた。喜んだ忠温への目通りもかない、父より高い身分の中小姓《なかこしょう》に取り立てられ、明治三十年（一八九七）に没している。

幕府の要職を務めた忠温

良之助の仇討ちがあった年の二月、忠温は寺社奉行となっている。天保四年

（一八三三）からは奏者番を務めていた。奏者番とは、将軍に謁見する大名や旗本の姓名を将軍に奏上し、進物《しんもつ》を披露、将軍からの下賜《かし》物を大名や旗本に伝達したりする役職で、寺社奉行の兼務が多かった。

忠温は寺社奉行を天保十四年十一月まで務めるが、その年の四月、将軍家慶の日光社参が行われた。実に六十七年ぶりのことだった。これを断行したのは、老中水野忠邦である。天保の改革★を進めていた水野は、大名、旗本、農民を動員することで将軍家の武威を天下に示そうとした。実際、これに従事した人数は一四～一五万人にもなった。演習も行われ、その見物で江戸は賑わったという。家慶が江戸を発ったのは十三日だが、行列の最後部がまだ江戸城にいるのに先頭は川口に至っていたというほどの大行列だった。

この時の日光社参では、従来と異なり、村々から人馬を十分に徴集できなかったという。これは、農村がわずかな豪農・地主と多数の貧農・小作に分かれ、ほとんどの農民が人馬を提供する余裕がなかったためで、その代わりに人足を雇う費用を村々に負担させた。

将軍の宿泊地は慣例に従って岩槻、古河、宇都宮。宇都宮城には往路の十五日、復路の十八日に宿泊している。これが将軍家最後の社参となる。

忠温はその後、老中となる。在任期間は弘化二年（一八四五）から嘉永四年（一八五一）までで、のちにペリーと開国の条約を結ぶ阿部正弘《あべまさひろ》★とともに務めている。

▼天保の改革
老中水野忠邦が行った改革で、倹約を励行し、奢侈を禁じ、風俗を粛正するなどしたが、失敗に終わった。

阿部正弘

▼阿部正弘
備後国福山藩主。老中首座として日米和親条約を締結。一八一九～一八五七。

正弘は忠温の先夫人の甥で、寺社奉行には正弘より忠温が三カ月先になった。ところが老中就任は正弘に先を越された。供頭の福井源太左衛門は、ある時正弘を恐ろしい形相でにらみつけていたという。家中も殿様の出世は誉れと思っていて、順当にいけばわが殿様が先のはずだった。源太左衛門はよほど悔しかったのだ。

忠温と正弘が老中を務めていた期間は、諸外国が日本の周辺を脅かしていたときである。弘化二年にはイギリス船が琉球にやってきて貿易を強要。翌年にはアメリカの東インド艦隊司令官ビッドルが浦賀に来航し通商を求め、幕府はこれを拒否。そのほかイギリス軍艦が浦賀や下田を測量するなど、海防が幕府の緊急課題となっていた。忠温や正弘ら幕閣は、昌平坂学問所★に海防の意見書を提出させたり、各大名に防備の強化を命じたり、相模の観音崎の砲台を改築したりと、その対応に追われた。忠温は、尊攘論者の大橋訥庵を招聘するなどしていることから、攘夷の考えだったろう。

忠温の跡は三男の忠明《ただあき》が継ぎ、忠明は十八歳という若さで逝き、弟の忠恕《ただゆき》がわずか十歳で相続している。この忠恕が幕末・維新の動乱に身を置き、苦労することになるのである。

▼昌平坂学問所
江戸幕府の学問所。

これも宇都宮

宇都宮藩余話

家臣二人の処分の理由は

戸田忠延が家督を継いだ時、藩財政は火の車だった。忠延はこの問題に全力で取り組んだ。『戸田御家記』には、「公は家政挽回のため、畢生の精力を傾注された。そのご一生の記録を通じ、領地引き替え、経済立て直しのほかに事績が出てこないことをもって知るべし」とある。

忠延は果敢に財政再建に挑戦したようだ。そのような時、二人の重臣を処分している。江戸および領分宇都宮の一〇里四方から追放し、万が一立ち入って奉公などしたら、召し捕り、異議を申し立てるようなことがあったら、討ち捨ててもよいとの処分だ。

従来から家臣に長の暇《いとま》を命じることはあったが、いずれも罪があってのことで、しかも軽輩に限られていた。ところが、この時の二人は重職にあり、しかも、特に罪を犯したということでもなかった。

その理由は定かではないが、『戸田御家記』では、何事かにつけて忠延と意見が異なったためだという説があり、それが真実に近いだろうとしている。そして、忠延は財政再建の志を抱いて藩主となり、「少壮の鋭気」で改革に着手したが、その改革に首を縦に振らない重臣がいて、新旧の考えが衝突したためではないかと推測する。

改革には保守的な反対派がつきもので、この二人はその先鋒だったのだろう。それで忠延は思い切って処分したのだ。

一人はのちに帰参しているが、もう一人はついに帰参を願わなかったという。「よってこの衝突は、かなり激しいものだった」と、『戸田御家記』では書いている。

このように忠延は財政再建に尽力したが、あまり成果を上げられなかったようだ。

金を使う殿様、諫める家老

戸田忠寛は幕府の要職に就くためふんだんに金を使い、それが藩財政の窮乏をもたらしたが、三代後の忠温も同様だった。

忠温も老中になっていて、この時、幕府の要路に金を使った。そのための専任者を置いたほどだ。財政は忠寛の時よりも悪化していて、危機感を持った家老の戸田七兵衛は諫めたが、聞き入れられなかった。

念願叶って老中となった忠温。外国の客がその藩邸を訪れた。嘉永二年（一八四九）にオランダ人が二人来た時は、『戸田御家記』の著者松井恒太郎は当時十二歳で、その場に居合わせた。家中の男は子どもに至るまで麻の裃《かみしも》着用で参観を許され、女は玄関前で通行の両側に茣蓙を敷き、そこに着座して参観という形だった。

その時、薄茶を出したが、オランダ人は取り上げて眺めただけで飲まなかったという。みやげ物として更紗《さらさ》などを贈った。

このほか琉球人も多数訪れたと、松井は書いている。

老中になったことで、江戸藩邸は賑やかだったようだが、その接待にも金はかかったはずで、戸田七兵衛はさぞ渋面をつくったことだろう。

④ 町民の生活

城下町、門前町、宿場町である宇都宮城下は人の往来が多く、賑わった。
町民には公役が課せられていたが、城の草刈りもその一つ。
また、記録に正直者の商人の話が残されている。

城下町での公役

さて、ここで百年近く宇都宮を治めた第二次戸田家時代を中心に宇都宮領内の様子に触れておこう。

宇都宮城下は、武家が住む地域と町家の地域に分かれていて、城の西側は家臣の屋敷が占め、北から東が商人や職人の住まいとなっていた。城下町であるだけでなく、宇都宮大明神の門前町、日光街道、奥州街道が通る宿場町でもあった。将軍の日光社参、奥州諸大名の参勤交代の通り道でもあり、その度に伝馬役《てんまやく》や助郷で庶民は大変な面もあったが、宇都宮城下は賑わった。

将軍だけでなく、関西など江戸以外からわざわざ日光に詣でる庶民もいた。大坂の浄瑠璃語りが日光へ行く途中に宇都宮に滞在し、寺で十日間興行したという記録がある。思わぬ楽しみができ、領民も喜んだことだろう。ちなみに、江戸末期に関東の宿場町を繁盛の度合いで格付けした「関東《かんとう》自《じ》慢《まん》繁《はん》盛《じょう》競《きそい》」を見ると、宇都宮が高崎と並んで大関に座っている。当時、横綱はなかったから、関東で最も賑わっていた宿場町だったのである。関脇は銚子と小田原、小結は水戸湊と川越で、品川や千住は前頭に顔を出している。東海道の第一の宿駅である品川よりも上なのだから、宇都宮はかなり繁盛していたということがわかる。

また、宇都宮大明神の祭礼にも浄瑠璃語りや役者、三味線弾きなどが江戸などからやってきて、庶民を楽しませた。宇都宮大明神の菊水祭は、全国の祭礼を格付けした「諸国祭礼番付」では東前頭にあげられていて、かなり盛大な祭りだったことが窺える。

町は町奉行によって支配され、そのもとで町年寄、町名主、五人組という

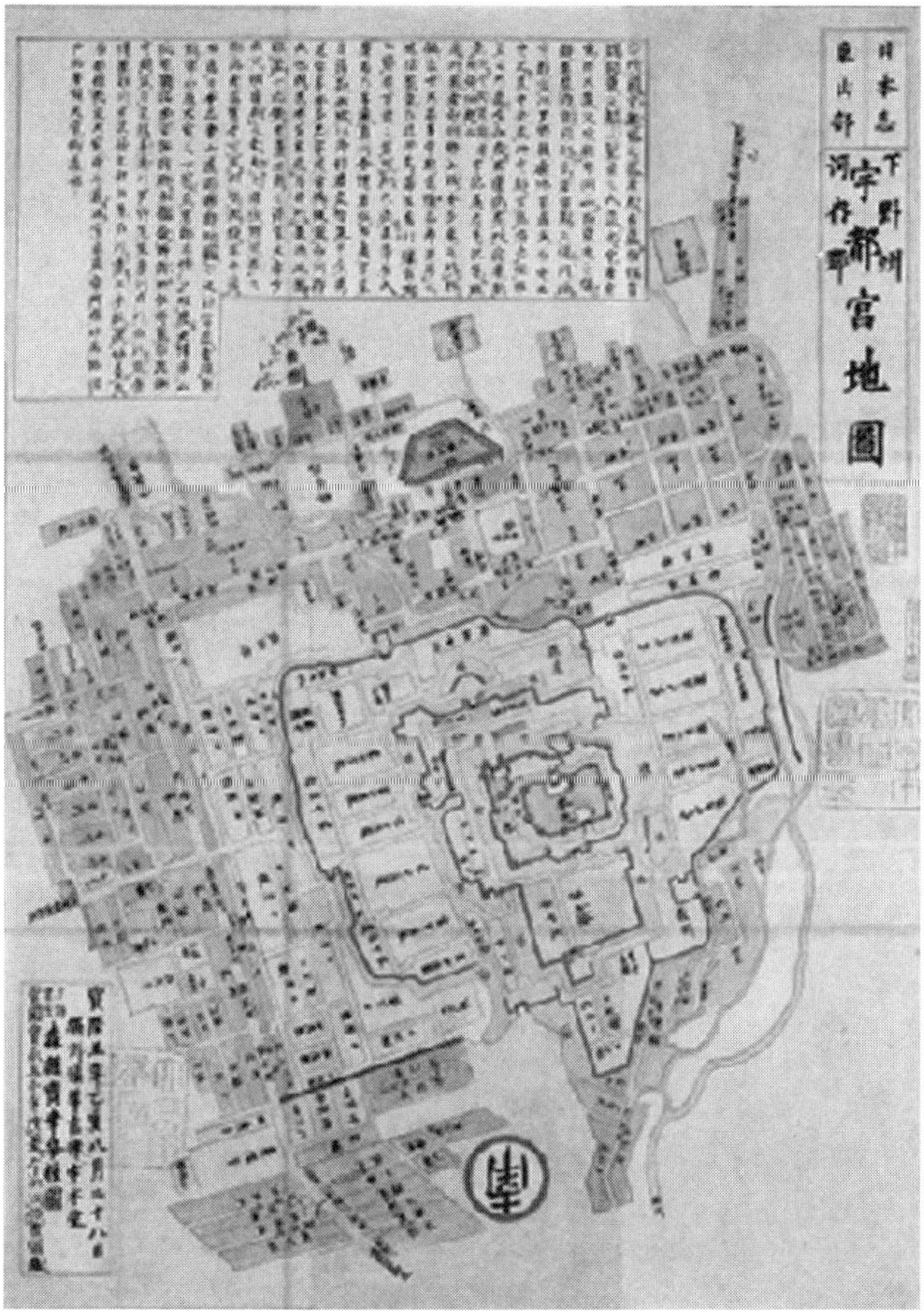

下野州河内郡宇都宮地図。森幸安が寛延から宝暦にかけて書写，収集した地図の中の一枚（国立公文書館蔵）

管理体制ができていた。

町年寄は、村でいえば名主、庄屋にあたる町役人で、有力町民が藩から任命された。奉行からの示達《じたつ》、人別改め《にんべつ》★、訴訟の世話、消防、町内の清掃など、町政全般を取り仕切るのが彼らの役目である。人数は増減があり、寛文年間（一六六一～一六七三）には六人だったが、化政年間（一八〇四～一八三〇）以降は三人がその役を担っていた。

この下に町名主がいた。一つの町に一人というわけではなく、一つの町に二人、あるいは二つの町で一人ということもあった。これを選ぶのはけっこう厳しかった。入札で選ぶのだが、一つの町内ではなく、三町で入札をした。つまり、ほかの町の町民の意向も反映させたのである。町年寄は選ばれた者を調べ、奉行に報告。奉行はさらに身元や評判などを調べて、ようやく認められる。しかも、名主見習い、名主代といった見習い期間を経て任命されることもあった。

町名主の役目は、町年寄の仕事を各町単位で補佐するというものだった。その下に五人組が組織され、町が統制されていたのである。

宇都宮の大半の町が関ヶ原の戦い以降、地子《じし》は免除されていたが、町人にはいろいろな公役《くやく》が課せられていた。例えば、将軍の日光社参の時はもちろんのこと、その名代《みょうだい》の社参の時も、町年寄が五〇～六〇人の町民を集めて道路掃除をしなければならなかった。

▼人別改め
江戸時代の人口調査。その帳簿を人別帳といい、これに記載されない者が無宿者。

ほかに、城の草刈り役、伝馬役などの公役もあった。草刈りは年三回課せられていた。草刈りといっても、宇都宮城は大半が石垣ではなく、土塁なので、堀の土手など草を刈る場所は広く、一町で二〇〇人くらいが動員されていたという。

伝馬役というのは、公用の人や物を運送するための馬を提供し、それに伴う労役《ろうえき》も行う役であり、城下の全町に課せられたのは馬一〇〇頭で、これに見合う数の人も動員された。

また、公役ではないが、奥州諸大名の参勤交代の時は、行列の通行が済むまで、鍛冶屋、湯屋など火を使う仕事の者は休業を強いられていた。

宇都宮の商人

日光への参詣者が多く通る宇都宮には四〇軒前後の旅籠《はたご》屋があったようだ。この数は日光街道では特に多いというほどではなかった。小山宿では七四軒、徳次郎宿では七二軒の旅籠屋があった。これらの多くが飯盛《めしもり》女を抱えている飯盛旅籠だった。旅人の給仕をするだけでなく、売春も行うのが飯盛女で、幕府は一軒に二人の飯盛女を置くことを許していたが、天保年間（一八三〇～一八四四）の宇都宮では一七人も抱えている旅籠屋もあった。これらの旅籠屋の多くは池上《いけがみ》町、伝《でん》馬《ま》町にあった。

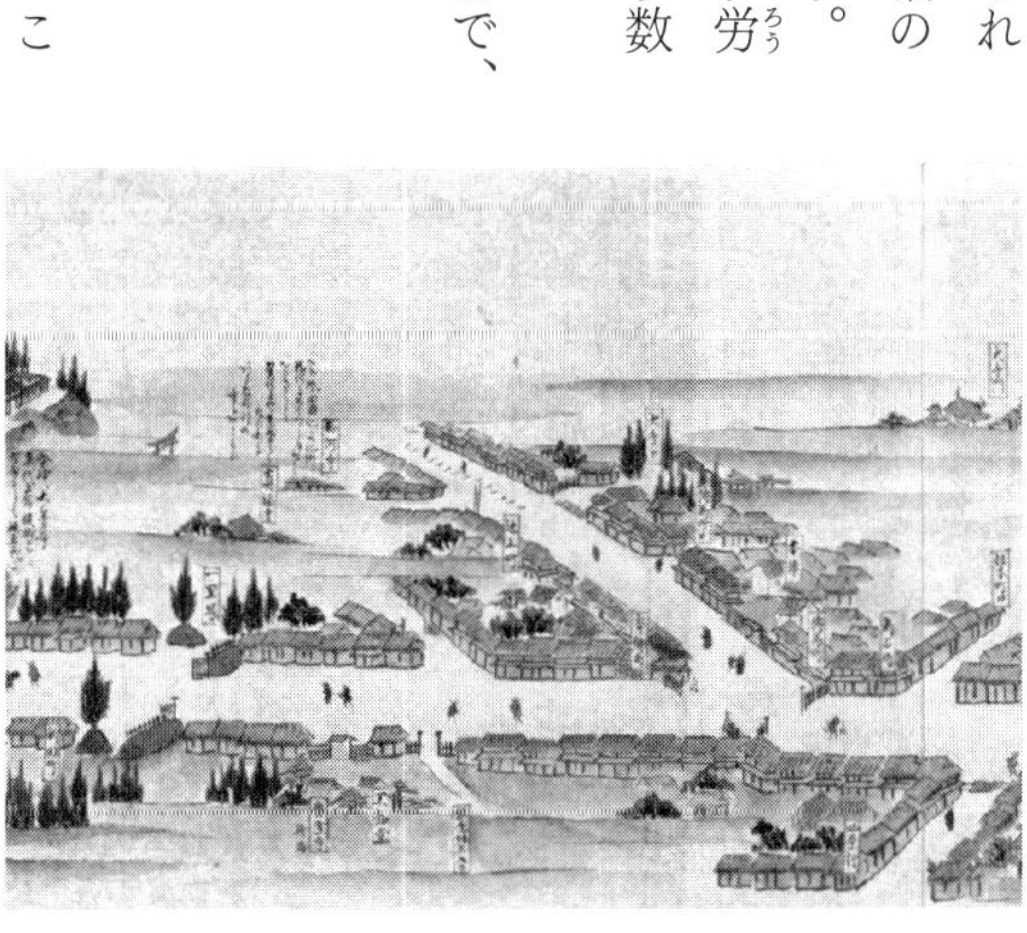

「日光道中絵図」の宇都宮の部分
天保十四年四月の徳川家慶の日光社参の行程を示した道中図。右に宇都宮城の大手門が、左に宇都宮大明神の門が見える
（国立公文書館蔵）

宇都宮の飯盛女は特に服装が華美だったようで幕府から注意を受けたこともあった。文政七年（一八二四）に、関八州取締出役《かんはっしゅうとりしまりしゅつやく》★に宿役人と旅籠屋惣代が呼び出され、飯盛女について、三味線は使ってはならない、衣類はもちろん帯、半襟、前掛けに至るまで木綿に限り、絹などは使ってはならない、簪は真鍮、木以外はいけないというような達しが伝えられている。

嘉永元年（一八四八）につくられた宇都宮の商家番付を見ると、旅籠屋の割合が高く、奥州街道と日光街道が通り、人の往来が激しい宇都宮では重要な産業となっていた。

この番付は町年寄の三家が「行司」を務めているところからすると、瓦版《かわらばん》屋が勝手につくるようなものとは異なり、かなり厳密につくられたもののようだ。ここには、旅籠屋のほかに、荒物、太物、呉服、質、薬種、造酒などの業種が名を連ねているが、もう一つ、数で目立つのが古着屋である。城下の町民だけでなく、近郷の農民も利用していて、庶民の生活には欠かせない商売だった。

この古着屋について逸話が一つ残っている。

嘉永七年（一八五四）のことである。質屋の堺屋友右衛門から古着の質流れがあるから引き取ってほしいとの知らせがあったので、古着屋の増渕伊兵衛が古着一四〇着を引き取り、競《せ》りに出したが、その中に夜着《やぎ》が一着あり、傷があったため、元値にもならない値段しかつかなかった。それで糸をほどいて布にして売ろ

▼関八州取締出役
勘定奉行の配下で、関八州の天領・私領を巡回して治安の維持にあたった。

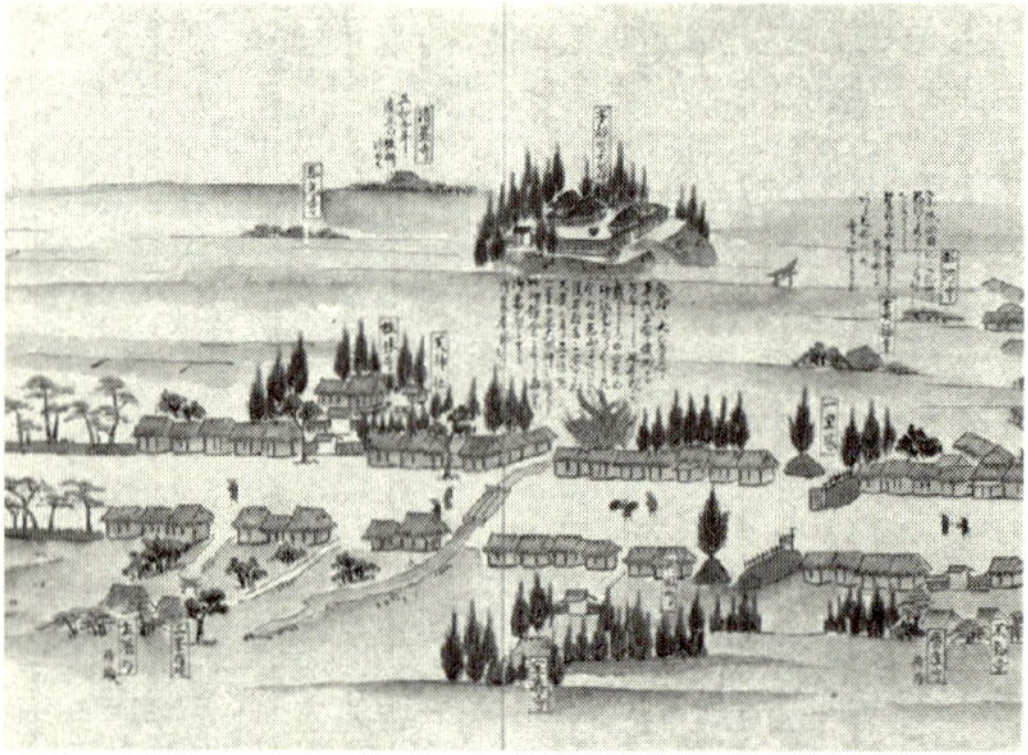

「日光道中絵図」の宇都宮大明神と日光街道（国立公文書館蔵）

うと、息子と奉公人の三人でほどいていたところ、襟綿《えりわた》のあたりに何か硬い物が隠れている。取り出してみると、紙包みだった。開くと、二朱金など取り混ぜて一三両もの金が出てきた。

傷がなかったら誰かが買ったものをと不思議な因縁を感じつつ、伊兵衛は友右衛門のところに行き、この夜着を質に入れた者は誰かと尋ねたところ、大隈屋与兵衛だという。それで今度は与兵衛に事情を話す。与兵衛は、これは養父から譲り受けたものに間違いなく、九年も質に入れていて、年々利息が膨らみ、その上、昨年、家が類焼し、ますます請けだすことができなくなり、ついに流れてしまったという。

事の次第が明らかになったので、一三両は与兵衛に返すことになった。これを友右衛門が町名主に伝え、さらに町年寄にも知らせたところ、いつの間にか湯屋や髪結床《かみゆいどこ》だけでなく、城下中に知れわたったというのである。

要するに正直者の商人がいたという話だが、これが記録として残っているところをみると、当時美談として話題になったのだろう。

庶民の生活

天保年間（一八三〇〜一八四四）から幕末にかけて、天保の改革の影響もあってか、領主から町方に対して質素倹約の達しが何度かあった。町民が飲食、衣類、髪飾りなどで奢侈《しゃし》になる傾向があり、それに対して天保十五年（一八四四）と嘉永四年（一八五一）に厳しく質素倹約が命じられたのである。しかし、時が経つにつれて、庶民はまた贅沢をするようになってしまったようで、安政六年（一八五九）に改めてお触れが出た。それに対して伝馬町が提出した「町内質素倹約請書」が残されている。そこにあるお触れの内容を見ると、当時の宇都宮の庶民の生活ぶりが窺える。

例えば、結婚では、祝いの重箱を配るのも祝儀等のやりとりも親類に限り、近所であってもしないこと、ただし結婚当日は町内の主立った者を集めてもいいが、その際の料理は一汁三菜にすることとし、葬儀も同様に質素でなければならず、この時の料理は、一汁一菜で酒は出してはいけないとされた。また、出産・お七夜《しちや》の祝いはやめ、祝いの重箱を配るのは三軒両隣に限ることとしている。

ふだんの衣類は、男女とも上着は木綿・麻に限り、絹織物は贅沢とされ、帯も木綿で目立つ模様にしてはならないとされた。櫛は木櫛に限り、簪《こうがい》は真鍮《しんちゅう》か動物の角でつくったものを一本のみ、煙管《きせる》は真鍮に限ること、そして塗り下駄は禁じられた。

このほか、旅に出る者に餞別を贈ったり、留守見舞いと称して贈り物をしたりしてもいけなかった。ほかにも、ひな祭り、鯉のぼりの素材までも細かく定めら

「下野一ノ宮宇都宮神社夜祭御旅家之図」宇都宮大明神の祭礼の様子（栃木県立博物館蔵）

れている。

　これは、当時、ゆとりのある庶民は、そうはしていなかったということでもあろう。例えば、婚姻の時は盛大に振る舞い、ひな祭りの諸道具には蒔絵など華麗なものを使い、凝った彫り物の煙管を使っていたのだろうが、倹約を命じられれば、従わなければならなかったはずだから、お触れが出てしばらくは質素倹約に励んだかもしれない。

　ところで、このような庶民にとって大敵は災害である。

　江戸期は江戸の町をはじめ、どこも大火に見舞われることが多く、宇都宮も同様だった。忠延の時の文化十年（一八一三）一月には町家約六二〇戸、農家一一四戸などを焼く大火があり、翌年一月にも町家二〇五戸、農家二七戸を焼く火災があった。さらにその翌年には暴風雨があり、農地に甚大な被害を及ぼしている。

　忠温の時の天保三年（一八三二）にも大火があった。二月二十二日の夜に出火し、明け方まで燃え続け、町家四六四戸、武家屋敷五九戸を焼いた。この時、旅籠屋丸屋の主《あるじ》が大田原★の同業者に書いた手紙によれば、夜五つ（午後八時）頃に出火、町家を焼き払い、宇都宮大明神も焼き、火は城の三の丸まで及び、「宇都宮の七分焼《やけ》る」という有り様だった。

　このほか文政年間（一八一八～一八三〇）、天保年間（一八三〇～一八四四）、嘉永年間（一八四八～一八五四）に大雨により、町家や農家が大きな被害を受けている。

▼大田原
現・栃木県大田原市。

5 農民の生活

江戸時代の農民の多くは飢饉や増税などで苦しい生活を強いられていた。宇都宮の農民も例外ではなく、一家離散などもあった。そのような中、大谷石の石切りなど、副業で生活を維持する農民もいた。

一家離散の例

では、農民の生活はどうだったのだろう。村の行政は村役人が担っていた。名主★、組頭、百姓代の村方三役がそれで、名主が領主と農民の接点の役を果たし、領主は名主を通して村を支配し、年貢の徴収などを行った。組頭は名主の補佐役、百姓代は本百姓から選ばれ、名主らの村政運営を監視する役割を担った。各農家は町家と同じく五人組をつくり、治安維持や納税の連帯責任などの責務を負わされていた。

農民には場所により助郷などの諸労役があったが、田を耕し、年貢を納めることが、領主から農民に課せられていた最大の役目である。しかし、安定的に収穫が得られるとは限らず、当然、納められない時もあり、これを未進《みしん》という。

▼名主
主に関西では庄屋、北陸や東北では肝煎り。

奥平家時代のことだが、年貢を納められないで悲惨な目にあった戸祭村の久右衛門と善七郎の事例がある。

久右衛門は十八石の田地を耕していたが、よい土地ではなく、年貢を払えず、城の二の丸台所に連れていかれた。おそらくそこで働かされたのだろう。四年後に死に、その妻は村に戻されたが、行方知れずになり、二人の子どもは飢饉で死んだという。善七郎も同様に二の丸台所に連れられ、五、六年後に逃亡。妻は別の農家で農業を手伝っていたが、この農家も未進となって、妻は行方不明となった。

このような未進による一家離散は特に珍しいことでもなかったのだろう。

また、農民には前地《まえち》、水呑み百姓、本百姓の三つがあった。

前地は名子《なご》ともいわれ、主家農家の屋敷内で生活して、その家に隷属していた下層農民だ。この前地は売買の対象ともなっていて、宇都宮領内の下横倉村の善左衛門は、宝暦二年（一七五二）に親子四人を一二両で、宝暦八年には親子五人を一二両で買っている。前者は佐倉領の村の農家から買っていて、必ずしも近隣農家でのやりとりとは限らなかったようだ。

この前地から解放されると、耕地を借りる小作人である水呑み百姓になる。主《しゅ》家《か》から独立できたわけだが、生活は厳しく、上戸祭村の例では、水呑み百姓となっても何代目かで潰れ、幕末まで残った水呑み百姓は少なかった。

「農耕図」（『宇都宮市史』より／栃木県立博物館蔵）

「農間渡世」と農村の疲弊

農民が農作業の合間に行う副業を農間《のうかん》渡世《とせい》という。農間稼ぎともいう。

これは全国で行われていて、当初は屋根葺きや大工など、農村の生活を維持するのに必要な仕事が主体だったが、貨幣経済が農村にまで浸透するようになって、農民には原則として禁止されていた商行為にまで及ぶようになった。その内容はさまざまだが、人が通る街道沿いでは居酒屋、湯屋、水茶屋などが営まれた。多くは店や土地を借りて行っていた。また、地域によって特徴的な渡世もあり、宇都宮領内の農間渡世では、大谷石《おおやいし》の石切りがそれにあたる。

大谷石は現在の宇都宮市の西に位置する大谷町で産出するもので、耐火性に優れていて蔵などに利用された。本多正純が宇都宮城を拡張・修復した時にも使われている。江戸にも運搬され、享保六年（一七二一）には江戸の隅田川沿いに大谷石を扱う問屋が一六軒もあったという。

この石切りは岩原村と新里村が担い、農閑期には自由に石切りが行われ、売買ができ、これによって作物だけでは食べていけない農民も生活ができた。

この石切りの農間渡世を行う農民の中には博打《ばくち》をする者もいたようだ。安政六年（一八五九）の岩原村の文書では、村の石工職人たちが農間に他領の村に出向

大谷の石切り場跡

いて、石工の仕事をしている時に、博打場で遊んだという話を聞いたとして、そのような場所に立ち入らないように、村役人一同の連名で厳しく命じている。

宇都宮領では、そのほか、豪農の中には酒造、質屋などを、下層農民の中には古着・古鉄買いなどを、また、鬼怒川に面した村では荷揚げなどを渡世としていた。

文政十年（一八二七）につくられた「河内郡六十一ヶ村組合村議定帳」というものがある。関八州取締出役からいわれたことに対して、村で取り決めたことをまとめたものだが、ここにある取締出役からいいつけられた内容を見ると、当時、無宿人★が村々で無法を働いていたことがわかる。無宿人が長脇差しや槍、鉄砲をもって狼藉を働き、農民、町人がそれをまねして同様の所業に及ぶ者もいて、さらに徒党を組む者まで出てきていたのだ。これに対して取締出役は、槍や鉄砲を所持している者はもちろん、長脇差しを帯にさし、あるいは所持して歩いている者は召し取り、悪事を働いたかどうかにかかわらず、また、無宿人かどうかにかかわらず、死罪もしくは重罪に処す、という達しを出している。

このほか、法度となっている歌舞伎や芝居、相撲などを村々で催すことも多く、もしそのようなものを村で催したり、芝居に使う道具を貸したりする者がいたら、厳しく糺《ただ》すと、さらに、農業を怠り、商業に力を入れる農民もいて、自然に奢侈になるので、新規の商売を禁じるということも、取締出役は命じている。

▼無宿人
無宿者とも。住まいや生業が定まらず、人別帳に記載されていない浮浪人。

このことから当時の農村の様子がわかる。農間渡世が盛んになり、利益の望めない農業をおろそかにし、また、これで潤った一部の農家は贅沢な生活を享受するようになっていった。

一方で困窮を極める農民もいた。働かずに力を武器に乱暴狼藉を働く無宿人が目の前にいる。若者にはそのほうが楽で楽しそうに見えるだろう。そして、農業から離れ、無法を働き、博打を打つようになる。

このようなこともあって、宇都宮領内の農村は、時代を下るにつれ疲弊していった。加えて戸田家の経営の時代になってから天候不順による飢饉が頻発した。例えば、文化四年（一八〇七）から文化十五年には毎年、旱魃、大雨、冷害などがあり、農民は大きな被害を受けているのである。

これは、先にも触れたようにその後の文政、天保年間も同様だ。天保の大飢饉★の時の名主の日記がある。それを見ると、天保七年（一八三六）の頃には、村内に食べ物がなくなり、この名主が「本宅七軒、隠居三軒」に稗《ひえ》を八斗五升提供、また、村民は山に自生するくずの根などを食べてしのぐという状態だったという。大桑村では村で共有する山を抵当に借金をするほど苦しんだ。

このような天災による困窮は、肥料の購入を不可能にし、その結果、農地を担保に借金をして、返せず、生活の糧を得る場を失う農民の増加をもたらすことになる。農民の生活は日々悪化していき、同時に農地も荒廃していったのである。

▼天保の大飢饉
天保四年（一八三三）から七年（一八三六）を中心に起きた凶作。東北では多くの餓死者を出した。

⑥ 財政改革の取り組み

藩財政が逼迫する中、家臣たちは財政再建に腐心する。家老の間瀬和三郎は豪商に頭を下げ、また、いろいろな事業に取り組み、県勇記は菊池教中と協力し、新田開発に奔走する。

間瀬和三郎、川村家に頭を下げる

農村が荒廃すれば石高《こくだか》が減り、戸田家の収入も減っていく。ただでさえ多くの借金があって、苦しいのに、さらに年貢の収入も減っていったのである。

この困窮状態を脱する方法は、いつの世でも共通していて、まず使わないこと、借りること、そして収入を増やすことだ。

第一の方法で戸田家が行ったのが、家臣の俸禄を減らすことである。高禄の者ほど減額の割合が高く、二割から七割五分も少なくなった。

借りるという点では、忠温、忠明、忠恕の時に家老を務めた間瀬《ませ》和三郎忠至《ただゆき》は、川村家に頼み込んでいる。川村家といえば、約八十年前、島原から宇都宮に所替えとなった時、財政難でその引っ越しもままならなかった戸田家を助けた豪商である。

戸田家ではこれを踏み倒して、この時まで一銭も返していなかった。そこから借りようというのだから、下っ端の者が行っても話にならない。そこで、家老の間瀬が自ら依頼に行ったのである。

それにしても、ここからまた金を引き出そうというのだから、間瀬も図々しい。川村家もそんな仕打ちをした相手を快く思っていないのは当たり前で、門前払いで応じた。間瀬はあきらめず、なんと数十回も川村家の門を叩いたという。根負けした川村家は間瀬の話を聞くことにした。

間瀬はこれまでの不始末を陳謝。そして援助を求めた。今度は領内のいちばん豊かな地域三千石の年貢を旧来の負債の返済にあてるなどの条件を付けた。これで川村家のわだかまりが解け、援助を約束した。

その後、外国船が頻繁にやってきて江戸は騒然となり、江戸の豪商は江戸から離れたところに避難所をつくった。戸田家は川村家の別邸を領内に設けることを認め、それによって川村家の支援をさらに受けやすくなったという。

ところで、間瀬はただ借りることだけに専念したわけではない。なんとか領内で資金を生み出せないかといろいろ取り組んでいる。森林を伐採して売ろうとしたり、銅山の旧坑を開発したり、金鉱の採掘に挑戦したりしたが、それらの事業を行うこと自体に資金がかかり、戸田家にはそのような余裕はなく、結局、実らなかったようだ。

また、戸田家では領地の交換運動を熱心に行った。収穫が少ない土地を別の土地と交換してもらおうというもので、幕府に窮状を訴え、何度もその願いを出している。忠寛が大坂城代の時や忠温が老中になった時に、ようやくこれが認められたが、財政を立て直すほどの効果はなかったようだ。★

新田開発

慢性的な財政難を打開する一つとして、戸田家が取り組んだもう一つのことが新田開発である。これで収入を増やそうとしたのである。この事業には二人の人物が中心的な担い手となった。

その一人が県勇記（信緝《のぶつぐ》、号は六石《りくせき》）である。県は文政六年（一八二三）に戸田家で家老を務める安形《あがた》家の二男として生まれた。長男は早世していたので実質的には長男である。弟が一人いて半兵衛といった。学を好み、江戸に遊学しようとしたが、藩の制度でそれができず、天保十四年（一八四三）、二十一歳の時脱藩。翌年、儒学者大橋訥庵《とつあん》の塾に入る。その後、銚子の大慈寺の独雄禅師に学び、さらに千葉周作★のもとで剣を鍛え、清水赤城《しみずせきじょう》★に兵法を学び、弟に家督を譲るとの遺書を残し、江戸を出て、伊豆に潜んで塾を開いた。

▼効果はなかったようだ
忠寛の大坂城代在任中に二万五千石の領地の交換が認められたが、お役御免と同時に元に戻ったと『戸田御家記』にある。

県六石（勇記）肖像／葭田蔡泉作
（今泉八坂神社蔵）

▼千葉周作
北辰一刀流の祖。一七九四〜一八五五。

▼清水赤城
江戸後期の兵学者、砲術家。四男が大橋訥庵。一七六六〜一八四八。

新田開発の担い手のもう一人は菊池教中《きょうちゅう》（孝兵衛、のち介之介）である。彼は豪商佐野屋の家に生まれた。この店を屈指の大店《おおだな》にまで育てたのは父の大橋淡《たん》雅《が》である。淡雅は下野国都賀《つが》郡粟ノ宮村に医師大橋英斎の子として生まれ、十五歳で佐野屋を営む宇都宮の菊池家の養子となる（養子となっても大橋を名乗った）。そして十六歳で江戸に店を出し、呉服業を中心に質屋や金融業も行い、一代で巨万の富を築いた。その跡を継いだのが教中だ。一方で淡雅は、儒学者大橋訥庵を娘婿にし、大橋の名を継がせている。訥庵は教中の義兄となるのである。

嘉永六年（一八五三）、ペリーが浦賀に来航し、幕府は毅然とした態度を取れず、攘夷の徒の活動が活発になる。さらに、嘉永七年、ペリーが再びやってきて、開国を迫る。武士も町民も世の中が大きく動き出したことを肌で感じるようになった。そのような中、教中は、「江戸も戦火で焦土と化してしまうかもしれない。そうしたら父が苦労して築き上げた佐野家の遺産も一朝にして失われてしまう」と憂慮した。

そこで彼は、宇都宮では領内に荒蕪地が増えて、戸田家でも困っているという話を聞き、これを新田にすれば、宇都宮のためにもなるし、菊池家の子孫のためにもなると考えた。

一方の県勇記は、どうして県の居所がわかったのか不明だが（大橋訥庵あたりからの情報かもしれない）、戸田家から江戸藩邸に出仕するようにとの命令を受

大橋淡雅の墓（東京・谷中）

ける。戸田家に戻った県は財政が逼迫していることを知る。その一因は領内の土地が荒廃し、農民には怠惰の様子があるためであると考えた。そして、「荒蕪地を開墾すれば、財政に資することになり、財政にゆとりが出れば人材育成にも力を注ぐことができる」と、新田開発を重臣に説いた。ただし、それには資金がいる。ここで豪商佐野屋を受け継いだ教中の出番となるのである。

県勇記と菊池教中は事前に相談して、間瀬和三郎ら重臣に働きかけ、宇都宮の東を流れる鬼怒川沿岸の荒蕪地の開墾を進め、新田二八〇町歩を開いた。その担い手は浄土真宗の門徒たちだった。当時、門徒が北陸から近辺に流出していて、宇都宮の観専寺の住職が彼らを集め、入植させたという。

この新田開発の成功により、県勇記は帰参が許され、役人の末席に名を連ねることになり、また、教中は家来並として士分に取り立てられる。この後、教中は義兄訥庵の影響のもと、尊攘運動に身を投じていき、県は幕末の戸田家の危機に際して八面六臂《ろっぴ》の活躍をするのである。

観専寺（材木町）

これも宇都宮

宇都宮ゆかりの人物（1）

宇都宮頼綱

元久二年（一二〇五）に謀反を疑われ出家した宇都宮頼綱は、蓮生《れんしょう》と号し、京に住み、風雅の道に親しんだ。蓮生の歌は新勅撰・玉葉など十三代集のほとんどに選ばれている。邸宅は藤原定家の近くで、定家の子に蓮生の娘が嫁ぐほどの近しい間柄になり、山荘を建てた時、定家に揮毫を依頼した。そして、この時定家が歌を選び書いたものが「小倉百人一首」の原形とされている。

宇都宮蓮生の墓（清巌寺）

明石志賀之助《あかししがのすけ》

（蒲生神社蔵）

寛永年間（一六二四〜一六四四）の力士で、初代横綱と伝えられる。明治二十八年、十二代横綱陣幕久五郎が歴代横綱の系譜を作成した際、志賀之助を初代とした。奥平家の家臣山内主膳の子で、身長は二五一センチ、体重一八四キロもあったといわれ、無敵だった。京都の天覧相撲で大関仁王仁太夫を倒し、日下開山《ひのしたかいざん》（横綱力士の別称）の勅許を与えられたという。

枝源五郎《えだげんごろう》

昭和二十年の空襲で焼けてしまったが、宇都宮城の鬼門にあたる慈光寺に赤門があった。安永七年（一七七八）に、町民に呼びかけて資金を集め、この門をつくったのが枝源五郎といわれている。源五郎は元文元年（一七三六）に城下の旅籠屋に生まれ、困っている旅人がいると無料で泊まらせるなど義侠心に厚く、人望があったため、年寄衆から目明し役を任され、道路を修理するなど町の発展に尽くし、その後、江戸に出て、大侠客となったという。江戸に出ても宇都宮のことは忘れず、二荒山神社の手《ちょ》水盤《うずばん》を奉納している。これは戊辰戦争で壊れ、現在あるのは鋳直したものである。

枝源五郎奉納の手水盤

第四章 宇都宮の志士と山陵修補事業

窮地に陥った戸田家を救う勤王翼幕の策と高徳藩の誕生。

1

宇都宮の尊攘派

幕末の戸田家では、大橋訥庵の影響のもと、尊攘の士を多く輩出した。水戸の浪士らが老中安藤信行を襲撃した坂下門外の変。これにも戸田家の家臣が深くかかわっていた。その中心人物は大橋訥庵である。

「坂下門外の変」と「斬奸趣意書」

文久二年（一八六二）一月十五日、江戸城坂下門で老中安藤信行が襲撃される。「坂下門外の変」である（信行はこの事件後、信正に改名）。

二年前に大老井伊直弼《なおすけ》の暗殺★があったため、安藤信行《あんどうのぶゆき》は登城《とじょう》には警戒を怠らなかった。屈強な家臣を警護につけ、四〇人以上が列をなし、坂下門に入ろうとした。そこに複数の志士が斬り込んだのだ。襲撃者は平山兵介、黒沢五郎、小田彦三郎、高畑房次郎、河本杜太郎《もりたろう》、河野顕三の六人。河本は越後の、河野は下野の、あとは水戸の志士である。

河野は下野吉田村の医師の家に生まれ、宇都宮の尊攘の士、児島強介《きょうすけ》、菊池教中らと交わってこの襲撃に加わった。

▼大老井伊直弼の暗殺
安政七年（一八六〇）に水戸浪士が井伊直弼を暗殺した桜田門外の変。

乱闘の中、安藤は駕籠の外から刀で突かれたが、幸い背中にかすり傷を受けただけだった。傷を負った安藤は駕籠から出て、門内に走った。これを追ったのが河野。安藤の背後に迫ったが、安藤の家臣にさえぎられ、逃げられてしまう。多勢に無勢、襲撃者六人は全員討ち取られた。すべて即死である。河野は二十五歳だった。

襲撃者はそれぞれが「斬奸趣意書」をもっていて、幕府はこれを没収した。が、すぐに内容は明らかになる。

この襲撃に加わる予定だったもう一人の水戸の志士がいた。川辺左次衛門である。彼は他の同志より早く坂下門の外に来てしまい、付近を歩いて時間を費やし、戻ったのだが、時すでに遅く、同志はみな討ち死にしていた。

無念に思った川辺は桂小五郎（のちの木戸孝允）に後事を託して死のうと長州藩邸を訪ねた。水戸と長州は丙辰丸《へいしんまる》盟約★を交わした関係があり、それで長州藩邸に行ったのだろう。

川辺は桂に面会して「斬奸趣意書」を渡し、ここで切腹するといった。桂は思いとどまらせようとしたが、しばらく一人にしてくれというので、桂が中座した隙に自刃した。

この時川辺が桂に「斬奸趣意書」を渡したことによって、その内容が世に知られることとなった。

現・皇居の坂下門

▼丙辰丸盟約
万延元年（一八六〇）に長州の船、丙辰丸で、桂小五郎ら長州藩士と西丸帯刀ら水戸藩士との間で結ばれた密約で、水戸が攘夷を決行し、また、幕閣を殺害し、その後、長州が幕府に建言し、政治を改めるという形で力を合わせることを約したものだが、両者とも藩論が分かれていたため、具体的な形とはならなかった。

それは次のような内容のものだった。

井伊掃部頭《かもんのかみ》（直弼）を倒したのに、幕閣には悔心《かいしん》の様子は見られず、暴政が増し、その第一の罪魁は安藤対馬守であり、その罪状は和宮の降嫁★である。これは、表向きは天朝から下される形となっていて公武合体のようだが、実は、強奪も同様で、しかも、和宮を利用して外国との交易を認める勅諚★を出させようとしている。これがかなわぬ時は、天皇の譲位まで考えていて、和学者に廃帝の古例を調べさせている★ほどである。また、外夷の言いなりで、日本周海★の測量を認め、わが国の形勢を教え、品川の御殿山を貸し与えて、江戸随一の要地を渡してしまう。これではまるで外夷がわが国を奪う手助けをしているようなものだ。その上、外夷の者とは親睦して、国を憂える者を忌み嫌う。これは国賊である。

安藤が長くその職にいれば、ついには天朝を廃し、幕府も倒れてしまう。それでやむなく奸者の小人（安藤）を殺し、天朝幕府を安んじ、万民が夷狄《いてき》のように成り果ててしまうのを防ごうとするものである。

幕府は井伊・安藤の政治を改革して、攘夷を実行し、征夷大将軍としての職務を務めてほしい。そうしないと、各大名は幕府を見放し、自国を固めるようになってしまう。そうならないためにも、攘夷をして、国体も幕府も相立つようにしてほしい。

▼和宮の降嫁
朝廷と幕府の関係悪化を解消するため、公武合体の動きが起こり、幕閣は孝明天皇の妹、和宮を将軍家茂に降嫁するよう願い出て、和宮は文久二年（一八六二）に嫁した。

▼勅諚
天皇の命令。

▼和学者に廃帝の古例を調べさせている
当時、信行が孝明天皇の廃帝を画策し、和学講談所の塙次郎に天皇退位の前例の調査を命じたという風説があり、このことを指す。塙次郎は、国学者塙保己一の子で、和学講談所は保己一が幕府の保護の下でつくった学問所だ。次郎はこの風説がもとで尊攘派の刺客に殺害されてしまう。

▼日本周海
日本周辺の海。

井伊や安藤はまったくの悪役だが、尊攘の士の目にはそのように映っていた。

この「斬奸趣意書」を起草したのは、宇都宮戸田家に士分として迎えられていた儒者の大橋訥庵《おおはしとつあん》といわれている。あるいは水戸家家臣で、のちに一橋慶喜の側近となった原市之進《はらいちのしん》ともいわれる。また、訥庵の門人で津和野出身の椋木《むくのき》八太郎が起草し、訥庵が手を加えたともいう。

もっとも、訥庵は、当初は幕府に攘夷を働きかけていたが、この頃はもう幕府は眼中にない。にもかかわらず、「斬奸趣意書」では「天朝幕府を安んじ」、「国体も幕府も相立つ」というように幕府の存在を認めている。そのため、徳富蘇峰★は「この書は水戸人の手になりたるを知る」といっている。『戸田御家記』には、平山らが訥庵のところに来て計画を話したところ、訥庵が「それは勇だ」として「斬奸趣意書」を添削したとある。おそらく水戸人が中心となって作成したものを訥庵が添削したのだろう。

いずれにしても、訥庵は安藤信行襲撃に大きくかかわっていた。というよりも、この計画は訥庵を中心に宇都宮と水戸の志士が練り上げていった計画だった。そして、決行に至るまでには、いろいろな出来事があった。遡ってそれを追ってみよう。

▼原市之進
水戸藩士で、一橋慶喜の側近として活躍するが、暗殺される。一八三八～一八六七。

▼徳富蘇峰
明治から昭和にかけて活躍したジャーナリスト。『吉田松陰』、『近世日本国民史』などの著書がある。一八六三～一九五七。

大橋訥庵の影響力

安政五年（一八五八）に始まる、大老井伊直弼が尊攘派を弾圧した安政の大獄によって死罪となった志士の一人に頼三樹三郎《らいみきさぶろう》がいる。『日本外史』などを残した儒学者、頼山陽の三男である。彼は小塚原《こづかっぱら》★で斬首となったが、その亡骸は放置されたままだった。幕府から嫌疑がかかることを恐れ、誰も手が出せなかったのだ。

ある夜、数人の男が棺を担いで小塚原にやってきた。そして、三樹三郎の亡骸を水で洗い、絹を着せ、棺に納め、埋葬した。その男たちとは、江戸で思誠塾を開いていた大橋訥庵（順蔵）とその門人である。訥庵と三樹三郎は直接関係する仲ではなかった。しかし、攘夷という同じ志をもった者の亡骸がさらされたままになっているのを忍びないと思い、幕府に咎められるかもしれないのを承知で実行したのである。

この大橋訥庵、幕末の宇都宮藩の動向に大きな影響を与えた人物である。

文化十三年（一八一六）、兵学者清水赤城《しみずせきじょう》の子として江戸に生まれた訥庵は、飯山藩士の養子となるが離別。佐野屋を営む豪商大橋淡雅の婿養子となって、淡雅の娘巻子と結婚し、大橋を名乗るのである。巻子の弟が、新田開発に力を注い

▼小塚原
荒川区南千住にあった刑場。

だ菊池教中だ。この間、儒学者佐藤一斎★のもとで学ぶ。大橋家の婿養子となったのは一斎の勧めによるという。

豪商の娘と結婚し、経済的にゆとりができた訥庵は、天保十二年（一八四一）、日本橋橘町に思誠塾を開き、全国から門人が集まった。この時の宇都宮城主は戸田忠温《ただはる》で、弘化二年（一八四五）からは老中職にあった。

忠温は、嘉永三年（一八五〇）、声望が高く、戸田家と縁がある佐野屋の婿養子でもあった関係で訥庵を招聘。訥庵は江戸藩邸で月一回講義をするようになる。忠温だけでなく、家臣も受講した。これを機に、思誠塾に通う戸田家の家臣が多くなり、訥庵の影響が戸田家家中に浸透していく。また、忠温は訥庵を士分として取り立て、七人扶持を給した。もっとも、経済的にゆとりがあったからか、扶持は受けなかったという。

それからしばらくして、ペリーの黒船が浦賀に来る（嘉永六年六月）。忠温はすでに亡く、忠明が家督を継いでいた。これより以前から欧米の船が日本周辺に頻繁に現れていることを危惧していた訥庵は、ペリーに対して毅然とした対応ができなかった幕府に外夷を武で打ち払うべしと訴えたが無視され、嘉永六年十月には、水戸の徳川斉昭《なりあき》を批判した『隣疝臆議《りんせんおくぎ》』を書いた。攘夷論者だった斉昭が幕府の海防参与となったので、訥庵は斉昭によって攘夷が徹底されるものと思ったが、期待通りの結果にはならなかったためである。加えて十一月、『元寇紀略《げんこうきりゃく》』

▼佐藤一斎
美濃国岩村藩士。江戸後期・末期の儒学者。門人に渡辺崋山、佐久間象山がいる。一七七二～一八五九。

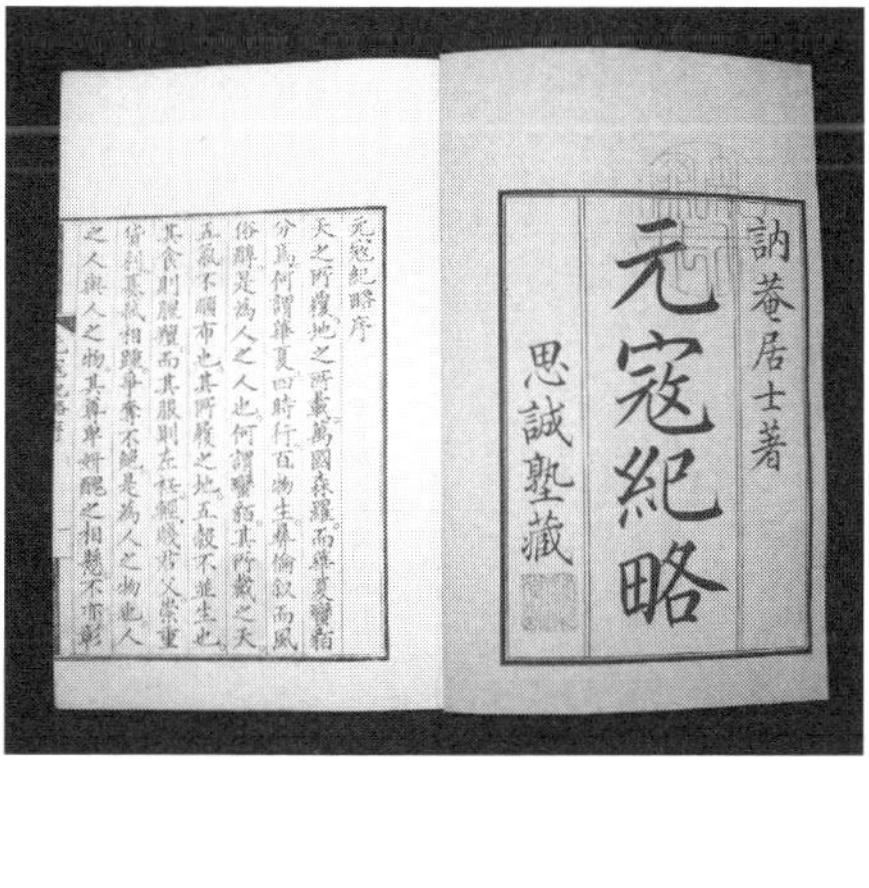

大橋訥庵『元寇紀略』
（栃木県立足利図書館収集文書／栃木県立文書館蔵）

を執筆。そして、翌年一月にペリーがまたやってくると、再び幕府に攘夷の意見を上書している。このように、ペリー来航の頃から訥庵の言論活動が活発になっていく。

安政二年（一八五五）十月、安政の大地震が発生し、訥庵の塾も倒壊した。そのため、塾を江戸郊外の小梅村★に移し、のちにここが攘夷のための謀議の場となる。安政四年には外国の学術等が日本を侵し、日本の国体が変わってしまうとして攘夷を訴える『闢邪小言《へきじゃしょうげん》』を刊行する。

以上の執筆を貫く考えは攘夷である。訥庵はとにかく西欧諸国と付き合えば日本は滅びると考えていた。その学問を学ぶ蘭学者を「禽獣《きんじゅう》に等しき」というほどだ。

このような訥庵の言論活動は全国に知られるようになり、尊攘の士を大いに刺激したのである。

▼小梅村
現在の墨田区にあった村。

アメリカ公使館警固を拒否

日米和親条約を締結した幕府は、その後、イギリスなどヨーロッパ列強とも同様の条約を結び、さらに井伊直弼が大老に就任するや、日米修好通商条約も結ぶ。井伊は自分の政策を批判した徳川斉昭らを謹慎・隠居させ、一橋慶喜の登城も停止し、ヨーロッパ列強とも修好通商条約を結ぶ。これを不満とした孝明天皇は幕府と水戸家に攘夷を促す勅諚を下す。これを「戊午《ぼご》の密勅」という。

　このような中、井伊による尊攘派の弾圧「安政の大獄」が始まり、元号が万延《まんえん》に変わる直前の安政七年（一八六〇）三月三日、井伊は水戸、薩摩浪士らの襲撃によって桜田門外で命を落とすことになる。

　しかし、井伊の路線は老中安藤信行によって受け継がれていく。幕府はこの時期、将軍家茂《いえもち》と皇女和宮《かずのみや》の婚儀を進め、和宮降嫁《こうか》の勅許が出る。この勅許に関連して、朝廷は幕府に外交の拒絶や公武融和を求めていた。しかし、幕府は和宮降嫁で公武融和を進める一方、攘夷は行わなかった。このような態度が、攘夷派の怒りを募らせることになった。

　そして、文久元年（一八六一）五月、東禅寺事件が起きる。高輪の東禅寺は仮のイギリス公使館となっていたが、ここを水戸浪士が襲撃するのである。イギリス公使オールコックを殺そうとした有賀半弥、黒沢五郎ら一四人が、郡山藩、西尾藩、旗本が守る東禅寺に斬り込んだ。壮絶な斬り合いが展開され、有賀ら三人が斬り死にし、その他の浪士は自刃したり捕縛されたりした。オールコックは無事だったが、書記官と長崎駐在領事が傷を負った。襲撃に参加した水戸浪士のうち、黒沢五郎と高畑房次郎、岡見留次郎は逃げ延び、黒沢と高畑はその後、安藤信行襲撃に加わる。

「和宮様御供奉行列図」
文久元年、江戸に向かう
（大島延次郎家文書／栃木県立文書館寄託文書）

幕府は海外諸国からの抗議にさらされ、この件に対して賠償金一万ドルを支払わされた。

この事件があって、幕府は各国公使館の警固の強化を図り、諸藩に交代で警固させることにした。そして八月、宇都宮の戸田家に麻布善福寺に置かれていたアメリカ公使館の警固が命じられたのである。

家中では「夷狄の番犬などできるか。取り潰しにあってもそんなことはできない。どうしてもというのなら、こちらから斬り込んで異人の首をとる」と、一人もこの任に就こうとする者はいない。宇都宮の家老戸田三左衛門は、命にかえてでも幕府に撤回させようとの決意で、家臣岡田真吾《おかだしんご》を連れ、江戸に向かったが、すでに江戸家老間瀬和三郎が家中のこの意向を老中久世広周《ひろちか》★に伝えるべく、久世のところに出向いていた。しかし、身分に隔たりがあるため、なかなか会ってもらえない。それでも、非常の決意をもった間瀬は帰らずに粘った。久世はやむなく面会した。ただ嫌だといったら通らない。理由としてもち出したのが日光山の警固である。この時戸田家では日光山を警固していて、また、不穏な動きをする水戸家家臣の捕縛の命令もあり、そのため公使館警固には手が回らないと説明し、さらに間瀬は、家中は攘夷となっていて、戸田家に警固を任せるようなことがあったら、不慮の事態もあり得ると伝えた。脅しともいえる。

この日光山警固は、間瀬が幕府へ働きかけ、宇都宮から一隊を派遣し、常駐さ

▼久世広周
下総国関宿藩主で幕末の老中。一八一九〜一八六四。

せるようにしたものだ。間瀬はこれによって幕府から相当の加秩が得られると目論んだが、実際は何もなく、負担だけ増え、思惑がはずれたという話が当時あったという。

ともあれ、このような間瀬の粘りによって、幕府は戸田家に対する公使館警固の命令を撤回した。このことからもわかるように、戸田家の藩論の大勢は攘夷にあった。大橋訥庵の影響も大きかったろう。

その訥庵は、外夷を、日本を滅ぼすものとしてとらえ、ひたすら攘夷を唱えた。当然、幕府の政策には我慢ならない思いがあった。そして、幕府にいくら働きかけても無駄であり、実力行使しかないと考えるようになっていくのである。

訥庵は、幕府が戸田家へのアメリカ公使館警固の命令を撤回する少し前に、門人の椋木《むくのき》八太郎を京都にひそかに向かわせた。

麻布山善福寺（アメリカ大使館が置かれた）

②「政権恢復秘策」と訥庵らの捕縛

大橋訥庵を中心とした宇都宮の尊攘の士たちは、攘夷を決行しようとさまざまな策を練り、行動に移そうとするが、幕府に発覚。次々と捕縛されていく。

訥庵の「政権恢復秘策」

京に向かう椋木《むくのき》八太郎が懐に潜ませていたのは大橋訥庵が書いた「政権恢復《せいけんかいふく》秘策《ひさく》」である。これを、戸田家がそこから出ている★とされ、深い関係がある正親《おうぎ》町三条家の実愛《さねなる》★を通して、孝明天皇へ密奏してもらおうというのが訥庵の狙いである。彼の秘策は長文のものだが、一言でいえば、「攘夷の詔勅を全国に発し、王政復古せよ」というものだ。

この中で訥庵は、外国の言いなりになっている幕府を批判し、日本はこのままでは外国に「精髄」を吸い取られ、枯れ木のようになって滅んでしまうと警告。速やかに攘夷を断行しなければならないと説く。そして、天朝から勅を下してもらうのを待つ志士は多く、一方幕府はこれらの志士を朝敵として討とうとし

▼そこから出ている
戸田家の祖先は正親町三条家の出身といわれている。

▼正親町三条実愛
幕末から明治の公卿。正親町三条家は大臣家を家格とする。別称は嵯峨。一八二〇～一九〇九。

ている。もし天朝が幕府に迫られ、志士を討つ勅を出されようものなら、天朝を慕う志士もただちに離反するとし、速やかに攘夷の勅命を全国に発するのが最上であると訴える。その際、幕府はもう滅びんとしているので、そんな幕府に相談してから決めるなどという態度をとっていると、天朝も幕府とともに倒れてしまう。幕府に遠慮することなく、徳川家の存在など忘れて、攘夷の勅命を出さないと、恢復の成功はなく、幕府を捨てるかどうかに天朝の興廃がかかっているといい、勅命の文案まで提示した。

これを記した日付は文久元年（一八六一）九月一日となっている。

椋木はこれを持って九月五日に江戸を発ち、正親町三条実愛に上奏を依頼し、さらに他の公卿に対しても天皇に上覧してもらえるよう奔走した。

訥庵は、椋木を京に送り出すとともに、児島強介《きょうすけ》を水戸に向かわせた。児島は代々秤《はかり》作りを生業《なりわい》としてきた家の二子として宇都宮に生まれた。幼少の時から読書を好み、十四歳の時、水戸の尊攘論者、藤田東湖★の詩を読んで感銘し、のちに水戸に渡り、東湖の門に入った。嘉永六年（一八五三）に斉昭が幕府の要請で海防参与となった時、東湖は江戸に出るが、その時、彼は弘道館館長を務めた茅根寒録《ちねかんろく》に児島強介を託した。その後、児島は父に呼ばれて一度宇都宮に戻るが、十九歳で江戸に出て、国学や剣を学ぶ。安政の大獄で、師である茅根が刑死。児島はその碑石を建て、幕府に対する憤りを募らせていき、外夷に迎合す

▼藤田東湖
水戸藩士で儒学者。過激な尊攘論者。徳川斉昭を補佐した。安政の大地震で母を助けて圧死。一八〇六～一八五五。

る奸物《かんぶつ》を討たなければならないと強く思うようになっていた。

訥庵は水戸で学び、水戸人とつながりができているこの児島を、外夷を討つ援助を得るために水戸に派遣したのである。その狙いは、東禅寺での外夷襲撃のようなことを起こし、すでに決まっている和宮の下向を引き延ばすことにあった。そのために宇都宮と水戸の志士が協力しようというのである。

水戸の尊攘派にとっても訥庵らとの共闘は願ってもない話だった。長州との間で結んだ丙辰丸盟約は双方の事情で頓挫《とんざ》していて、水戸の志士も協力者を求めていたのである。しかし、水戸の狙いは斬奸、つまり安藤信行暗殺である。そこで水戸では攘夷よりもまず斬奸でいこうと逆に提案した。

この意向を報告すべく、児島はすぐに水戸を発ち、訥庵と連携している宇都宮の菊池教中に伝えてから、訥庵のもとに急いだ。児島の報告を聞いた訥庵は水戸と力を合わせることができることはよしとしたが、安藤暗殺をすぐに決行するのは躊躇《ためら》った。訥庵としては、「政権恢復秘策」が通り、攘夷の勅命が下されてから、宇都宮と水戸の志士がまず外夷を襲撃し、攘夷の先鞭《せんべん》をつけるという構想だったのだ。訥庵は、とにかく椋木の活動の結果を待つことにした。

ところが、椋木の活動を幕府の役人が察知し、その捕縛を避けるため、椋木は姿を隠した。結局、訥庵の秘策は朝廷を動かすことはなかったのである。当時、朝廷としても公武合体に向かっているところであり、時が悪かったといえる。

児島強介誕生の地の碑
（宇都宮・おしどり塚児童公園内）

輪王寺宮擁立運動

文久元年（一八六一）十月二十日、皇女和宮が江戸に向かって京を発った。椋木からの朗報がなく嘆息していた訥庵のもとを、門人で長州の多賀谷《たがや》勇《いさむ》が訪れた。二十一日のことである。多賀谷は武州の郷士、尾高長七郎★を連れていた。

多賀谷らは、輪王寺宮《りんのうじのみや》★を擁して日光か筑波山《つくばさん》で義軍を募り、攘夷の先鋒になろうと考え、まず水戸でその策を提案し、さらに真岡《もおか》★の尊攘の士、小山春山を訪れ、続いて宇都宮の菊池教中の家に入り、策を披瀝《ひれき》した。教中は多賀谷の策に賛同し、江戸の訥庵の援助を得るように二人に指示したのである。

多賀谷の話を聞いた訥庵は、その計画の杜撰《ずさん》さにあきれた。輪王寺宮を擁立したあとの策は何もなく、この挙に加わる人も一〇人もいないというのである。門人の児島強介や河野顕三を加えてもようやく一〇人ほど。これでは成功は覚束《おぼつか》ない。訥庵は多賀谷らにまず同志を集めるよう指示した。しかし、多賀谷らの同志集めはなかなかはかどらなかった。最終的に参加が見込まれたのは、二〇人にも満たなかった。多賀谷は不満だったが、訥庵は中止を決した。輪王寺宮擁立は計画倒れで終わったのである。

「政権恢復秘策」によって天朝を動かすこともできず、輪王寺宮擁立計画も頓

▼尾高長七郎
渋沢栄一の従兄。一八三六〜一八六八。

▼輪王寺宮
日光山輪王寺の門跡を務めた法親王の宮家のこと。幕府に請われ、後水尾天皇の第三皇子が日光山の門主として上野の寛永寺に住み、明暦元年（一六五五）に輪王寺宮と号したことに始まる。宮は、ふだんは寛永寺に住み、江戸と日光を往復して寛永寺と日光の輪王寺の両方を統轄していた。

▼真岡
現・栃木県真岡市。

挫したことで、訥庵は、かねてから水戸の志士が望んでいた「斬奸」、つまり老中安藤信行を討つことに力を注ぐようになる。江戸の訥庵を中心に、宇都宮の菊池教中、真岡の小山春山、水戸の平山兵介らが準備を進め、決行の日を文久元年（一八六一）十二月十五日と決めた。準備に必要な資金は訥庵の指示で教中が出している。また、戸田家の重臣である戸田三左衛門や間瀬和三郎、それに家臣の県勇記らもひそかに援助したという。

ところが襲撃の中心となるべき水戸の同志がなかなか揃わず、二十八日に延期。さらにそれでも人の都合がつかず、決行は来春とし、志士たちは宇都宮や水戸で待つことにした。その一部は宇都宮城内の戸田三左衛門の邸内に隠れた。

訥庵一党の捕縛

一方で戸田家中に、攘夷決行の方策として、一橋慶喜★を擁することを考えていた男がいた。岡田真吾である。岡田は医師として戸田家に仕える家に生まれたが、その才能が藩の目にとまり、君命で医師の職を免ぜられ、学問に励むよう指示されて訥庵の門に入った。さらに京都の春日潜庵のもとで陽明学を学んで宇都宮に戻り、郡奉行になるとともに私塾をつくり、教育にも努めた。嘉永五年（一八五二）からは藩主の侍講として江戸藩邸に勤務。さらに町奉行として宇都宮に戻っ

輪王寺の大猷院
輪王寺境内にある徳川家光の廟所

▼一橋（徳川）慶喜
水戸の徳川斉昭の子。安政の大獄で隠居・謹慎処分を受けたが、復権し、将軍後見職を経て、最後の将軍となる。一八三七〜一九一三。

徳川慶喜
（国立国会図書館・電子展示会「近代人の肖像」より）

ている。文久元年（一八六一）には大目付兼儒学教授となった。善福寺警固問題の時には、戸田三左衛門とともに江戸に駆けつけている。

訥庵の影響もあり、攘夷の念を募らせていた彼は、妻の兄で戸田家家臣の松本錤《き》太郎《たろう》と相談。英明との評判の一橋慶喜を擁し、日光山に拠って近隣の大名や在郷の士に檄を飛ばし、奸臣を討ち、攘夷を実行しようと考え、慶喜への建白書や朝廷への上書、檄文などを書き上げ、児島強介にも打ち明け、同意を得た。そして、十二月二十六日、松本とともに江戸の訥庵を訪れ、この計画を打ち明ける。

岡田の話を聞き、檄文などを読んだ訥庵はこれに賛同した。そして、「格好の人物がいる。一橋家近習の山木繁三郎だ」という。山木は訥庵のかつての門人で、訥庵を一橋家に召し抱えようと使者として度々訪れていたというのだ。「昵懇《じっこん》の間柄であるから、これに慶喜への取り次ぎを頼むのがいい。それは自分がやろう」と岡田と松本に請け合った。これが訥庵らの命取りになる。

訥庵は、年が明けた正月の八日、山木を訪れ、岡田たちの計画を打ち明け、慶喜への仲立ちを頼んだ。山木は一瞬驚いたが、すぐに表情をやわらげ、訥庵の依頼を引き受けた。しかし、事のあまりの重大さに恐れた山木は、これを老中久世広周に訴え出てしまった。久世は、南町奉行黒川盛泰《もりやす》に関係者の捕縛を命じた。

訥庵が山木を訪れる少し前の一月六日、安藤信行襲撃の日を十五日と決めた平山兵介、黒沢五郎、小田彦三郎、河野顕三、児島強介、小山春山、それに訥庵の門人で伊予国大洲藩出身の得能淡雲《とくのうたんうん》の七人が宇都宮の旅亭に集まり、決行前の宴を開いていた。その後、平山、黒沢、小田、河野は江戸に向かう。児島は病気になり、決行部隊には加われなかった。この四人に高畑房次郎、川辺左次衛門、河本杜太郎が加わり、七人で決行することとなった。

一月十二日、訥庵に日本橋元浜町★の佐野屋から呼び出しがあった。顔見知りの番頭からなので、なんの警戒もなく出向いてしまった。そこで待ち伏せていたのが黒川配下の与力らだった。番頭を脅して呼び出させたのである。訥庵はあっけなく捕まる。この時、江戸にいた松本も捕まった。訥庵と松本が捕まったという知らせを宇都宮で受けた岡田は覚悟した。妻に老母のことを託して、静かに待った。十八日、黒川からの命が藩庁に届き、岡田は戸田家家臣一〇人ほどに連れられ、江戸に向かい、二十一日に戸田家の江戸屋敷に着き、翌日伝馬町の獄に入った。

訥庵捕縛のあと、小梅村の訥庵の塾もくまなく捜索されたが、安藤信行襲撃の計画は発覚することはなかった。その妻巻子が証拠となるようなものは処分するなどしていたのである。養子によれば二〇〇人も捜索にきたという。

訥庵捕縛は平山ら水戸の志士たちを慌てさせた。もはや猶予がないと思った平山は予定通り一月十五日決行とし、その朝、襲撃者は坂下門に集まり、安藤信行を乗せた駕籠を目がけ、斬り込んでいったのである。彼らの命を賭けた決行は失敗に終わった。獄中にあった訥庵はどのような気持ちでそれを聞いただろうか。

▼日本橋元浜町
現・日本橋富沢町、日本橋大伝馬町。

しかし、この事件を機に安藤信行は老中を退き、公武合体運動にかわって、尊攘運動が高まっていくのである。

襲撃後、幕府は関係者の探索を厳しく行い、児島強介、小山春山、横田藤太郎、菊池教中、得能淡雲、多賀谷勇らが次々と捕まっていった。

横田藤太郎も下野の人である。横田の祖は宇都宮頼綱まで遡り、故あって真岡に住み着いた。藤太郎の父藤四郎は訥庵や教中、河野顕三らと交わって国事を論じ、藤太郎はその影響を受けた。父は藤太郎を江戸に連れて行き、学問の修養を訥庵に託した。藤太郎はよく学び、また、剣術を男谷《おだに》精一郎★の道場で鍛えた。水戸の平山らが安藤信行襲撃の同志を募った時、参加しようとしたが、訥庵がまだ若い藤太郎を「後日義挙の計画があるからそれを待て」と引き止めた。

父の藤四郎は、この時京都にいて捕縛を免れた。また、戸田家の重臣、戸田三左衛門、間瀬和三郎らも難を逃れた。県勇記も同様である。

訥庵の妻であり、教中の姉である巻子は、両者が捕らえられてから一件が落着するまでの自らの思いを歌物語の形で綴った。『夢路の日記』である。そこに描かれている勤王思想と夫や弟への思いは、全国の志士の心を揺さぶり、瓦版で印刷されるほどだった。誤りがあれば筆を加えてほしいと、どこかで手に入れた写しを持って巻子のところを訪れる志士もいた。あちこち探したが、どうしても手に入らず、現物を貸してくれとやってきた肥後国の志士もいたという。

▼男谷精一郎
幕末の剣術家で剣聖といわれた。勝海舟の従兄。

宇都宮の名所

二荒山《ふたあらやま》神社（かつての宇都宮大明神・馬場通り）

宇都宮城の北に位置する今も昔も宇都宮市民の心のよりどころの神社。起源は約千六百年前。豊城入彦命を祀る。

蒲生神社（塙田）

蒲生君平を祀った神社。鳥居東側には明石志賀之助碑がある。

多気山不動尊（田下町）

北関東三十六不動尊霊場の第十八番札所。本堂の不動明王坐像は平安後期作という。高さは三・六メートル。国指定重要文化財。

およりの鐘

宇都宮氏が寄進したといわれる宝蔵寺（大通り）にある鐘。

汗かき阿弥陀

一向寺（西原）にある。国に危急が及ぶと汗をかくと伝えられる。関東大震災の前日にも汗をかいたとか。国指定重要文化財。

鉄塔婆

清巌寺（大通り）にある日本最古の鉄塔婆。

大豆三粒の金仏

善願寺（大通り）にある。大仏を建てる金がなくて困っていた時、旅の僧が、これを増やせば大仏を建てる資金ができると大豆三粒を寄進。その通りになったという伝説がある。

岡本家住宅（下岡本町）

江戸中期に建てられた名主格組頭の旧家。国指定重要文化財。

小野口家長屋門（田野町）

文政八年（一八二五）から明治・大正に

多気山不動尊

およりの鐘

汗かき阿弥陀

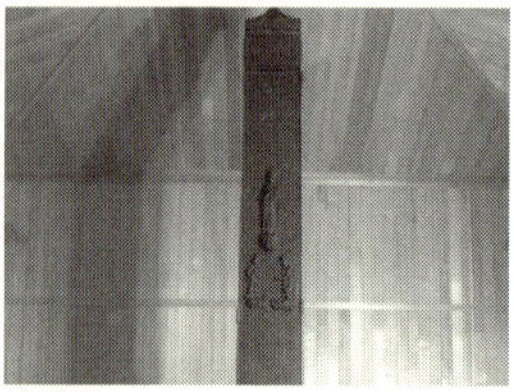
鉄塔婆

大豆三粒の金仏

岡本家住宅

かけて建てられたもので、長屋門、石塀など七つの国登録有形文化財がある。

旧篠原家住宅（今泉）

江戸時代からの豪商篠原家の住宅。明治二十八年（一八九五）に建てられたもので、外壁は黒漆喰や大谷石が使われている。母屋と石蔵は国指定重要文化財・建造物。

大谷寺（大谷町）

八一〇年に弘法大師によって開かれたと伝えられる。本堂は横穴式住居につくられている。本尊は、大谷石の石壁に彫られた千手観音の大谷観音で、磨崖仏《まがいぶつ》としては日本最古。

平和観音（大谷町）

大谷石の岩壁に彫られた観音像。高さは二七メートル。昭和二十三年から六年かけて戦没者の慰霊と世界平和を祈念してつくられた。すべて手彫りである。

カトリック松が峰教会（松が峰）

昭和七年に建てられたロマネスク様式の双塔教会。スイス人建築家マックス・ヒンデルが設計した。ほとんどが大谷石でつくられているのが特徴。国登録有形文化財。

宇都宮聖公教会（桜）

昭和八年に建てられた教会で国登録有形文化財。礼拝堂と鐘塔に大谷石が使われている。

長岡百穴《ひゃくあな》古墳（長岡町）

横穴式の古墳。五二の穴があり、穴の奥には観音像などが彫られている。弘法大師の一夜の作との伝承も。

うつのみや遺跡の広場（上欠町）

縄文時代の大集落跡の国指定史跡「根古谷台遺跡」がある。

伝馬町の屋台

江戸末期の彫刻師・磯邊儀兵衛による彫刻屋台。県指定有形文化財。

（全写真提供、宇都宮市）

小野口家長屋門

旧篠原家住宅

大谷寺

カトリック松が峰教会

長岡百穴古墳

伝馬町の屋台

③ 勤王翼幕の策

大橋訥庵たちの捕縛で幕府ににらまれることとなった戸田家。
これを打開しようと、間瀬和三郎と県勇記は知恵を絞る。
こうして生まれたのが勤王翼幕の策である。

間瀬和三郎の相談

安藤信行襲撃や一橋慶喜を擁立しての挙兵計画に関係して、大橋訥庵、菊池教中《きょうちゅう》、岡田真吾《おかだしんご》、松本錤太郎《きたろう》ら家臣が捕縛され、戸田家は幕府ににらまれることとなった。

捕らえられた岡田に対する取り調べで、岡田は慶喜擁立の件は「自分と訥庵と松本のみが知る計画である」と、戸田家のかかわりを否定しているが、奉行の黒川盛泰は、家老の戸田三左衛門や間瀬和三郎《ませわさぶろう》も同意の上で戸田家の総意として企てたものではないかと追及している。幕府としては戸田家も一枚噛んでいたとみていたようだ。それに加えて、戸田家家臣がかかわった老中襲撃事件である。にらまれるのも当然だ。

この状況を打開すべく、戸田家が取り組んだのが、山陵修補事業である。山陵とは天皇陵のことで、当時、歴代の天皇陵は補修など行われず、荒れ果てるままの状態だった。そして、この修補に取り組むべしと、家老間瀬和三郎に献策したのが県勇記《あがたゆうき》である。

訥庵らが捕縛された文久二年（一八六二）五月、県勇記は宇都宮を出立し、江戸藩邸の間瀬和三郎を訪ねた。彼は訥庵の事件にかかわっていたことにより、家禄没収、幽閉謹慎となっていて（家老の戸田三左衛門も御役御免となった）、獄中にある同志を救おうとしても動けない状況にあったのだが、幽閉謹慎は四月に免ぜられた。自由の身になった勇記は、師である訥庵や友の教中らのために働くべく、急ぎ江戸に出てきたのである。

間瀬和三郎は県勇記の顔を見ると、相談をもちかけた。

「天下の形勢は穏やかではない。外夷は猖獗《しょうけつ》を極め、わが国は侮られている。また、薩長土は協力して勤王復古を主張して勢いがある。一方の幕府はどうか。失策ばかりでその権威は衰えるばかりだ。いったん事が起きれば、体制を維持するのは困難だろう。戸田家は譜代であり、徳川家の危急を傍観すべきではない。しかるに、わが藩は財政難であり、武備兵力もないも同然だ。有用の人材もいない。幕府が万一倒れたら戸田家も倒れることは明らかである。これを乗り切るには、戸田家が天朝のために功績を残し、かつ幕府への忠勤にもなる勤王翼幕《きんのうよくばく》の事業を起こすしかない。それが成れば、戸田家が滅びるのを防げるだろう」

といい、なにか良策はないかと、勇記に問うた。そのような相談をもちかけられるとは思わなかった勇記は、

「師である大橋順蔵（訥庵）や岡田真吾、菊池介之介（教中）などの友を救おうと江戸に来た次第で、頭の中はそのことだけでした。今重大なご下問があり、すぐにはお答えできません。五、六日の猶予をいただきたい」

と答えて、六日後に再び間瀬を訪ねた。そこで間瀬に披露した「勤王翼幕の事業で、主家安全の基礎を立てる一策」（『山陵修理始末略記』）が山陵修補事業である。県勇記は、本藩は小藩で大事業はできないが、山陵修補事業は本藩の力でもできる。荒廃している山陵を修理すること、これこそが勤王翼幕の事業であり、成功すれば主家の美名も不朽に輝くだろうと、熟慮した案を披露した。

朝廷や尊王の士の憂慮の元となっている荒れた山陵を、戸田家が幕府の公認のもとで修復すれば、朝廷への貢献になり、戸田家の尊王の志を鮮明にすることができるし、幕府も朝廷をおろそかにしていないことを示すことができるというわけである。

勇記は続けて、山陵の荒蕪を憂えた人は、これまでにも貝原益軒《かいばらえきけん》★、細井広沢《ほそいこうたく》★らがいて、また、宇都宮の蒲生君平《がもうくんぺい》もそうである。そして、新しいところでは徳川烈公（斉昭）がいる。これらの人の事績を鑑みて、この案について熟慮してほし

▼貝原益軒
福岡藩士で儒者。『養生訓』などを著した。一六三〇～一七一四。

▼細井広沢
江戸時代の儒者で、堀部安兵衛と親交があった。『諸陵記』などの著書がある。一六五八～一七三五。

いと話した。細井広沢は幕府に山陵の修補を建言し、幕府は元禄十年から翌年まで陵に囲いを設け、陵の所在地の知行藩、幕府の出先機関に管理監督させているが、小規模で満足のいくものではなかった。東照宮など徳川将軍の廟にくらべたら、天皇陵は大いに見劣りする有り様だったのである。これを憂えた斉昭が、天保五年（一八三四）、幕府に山陵修補の建議をするのだが、却下されている。

この勇記の案に対して間瀬は、

「新奇でよい案だが、門地があり、才徳もある水戸の烈公の建議でさえ、幕府は用いなかった。しかも、幕閣には天朝を尊奉することを忌む者もいる。お前の師である大橋や朋友の岡田、菊池は勤王を唱えて、今牢獄にいるではないか。その轍を踏むことにもなりかねない」

と、勇記に再考を求めた。これに対して勇記はこれ以外の策は考えられないとし、山陵の件は古今の有志が慨嘆《がいたん》しているものであり、もし決断が遅れれば臍《ほぞ》を噛むことにもなりかねないと言い残して、退出した。

宇都宮の先人、蒲生君平

県勇記がこの事業を考えたことについては、同じ宇都宮の先人、蒲生君平の『山陵志』の影響が大きかった。勇記は明治になってから、自らが編集人となっ

蒲生神社

蒲生君平／小堀鞆音作（蒲生神社蔵）

て『蒲生君平遺稿』を発行し、その序文に「藩主忠烈公（忠恕）が蒲生先生の志を継いで幕府に山陵の修理を建言した」と記していることからもそれが窺える。

高山彦九郎、林子平とともに寛政の三奇人の一人として知られる蒲生君平は、明和五年（一七六八）に宇都宮で燈油《とうゆ》を商う福田屋に生まれた。かつて蒲生秀行が宇都宮を領した時、秀行の弟、正行が福田氏の娘を妾とし、男子が生まれ、その子孫が君平だという。彼は蒲生氏郷の血を受け継いでいることを自慢としていて、十七歳で蒲生と名乗るようになる。

子どもの頃『太平記』を読み感銘し、十五歳で宇都宮からそれほど遠くない鹿沼で私塾を開いていた儒者、鈴木石橋《せっきょう》★に師事する。また、石橋の紹介で黒羽《くろばね》★藩の家老、鈴木正長《まさなが》にも学び、さらに水戸に遊び、立原翠軒などと交わり、荒廃している山陵への関心を高めていく。その後、江戸で学び、北へ遊学。

寛政八年（一七九六）、歴代の天皇陵が荒廃していることを憂え、京に上って調査をする。十二年にも京に出向き、畿内の山陵を調べ歩いた。これらの調査をもとに享和元年（一八〇一）、『山陵志』を書き上げ、文化五年（一八〇八）に刊行した。山陵の変遷を論じ、その崇敬《すうけい》を説き、大和、河内《かわち》、和泉《いずみ》などにある九二の天皇陵の考証をしているもので、幕末の勤王思想に大きな影響を与えた。前方後円墳という表現は、蒲生君平がこの書で初めて用いたといわれる。

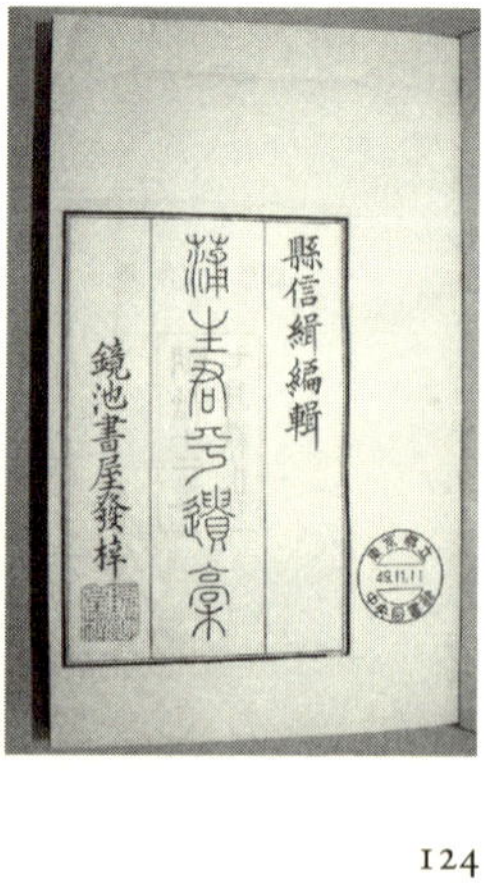

『蒲生君平遺稿』
昭和八年に宇都宮市が復刻したもの
（東京都立図書館蔵）

▼鈴木石橋
鹿沼の儒学者。昌平黌に学び、私塾を開く。宇都宮藩儒も務める。一七五四～一八一五。

▼黒羽
現・栃木県大田原市。

◆4 戸田家、山陵修補事業を建言

勤王翼幕の策として、荒れ果てていた山陵を修補することにした戸田家。間瀬和三郎、県勇記らはその実現に奔走。大原重徳の斡旋もあり、幕府はそれを認めた。その頃、捕らえられていた訥庵たちは出獄するが……。

大原重徳の斡旋

さて、『山陵志』の影響を受け、山陵修補の策を考えた県勇記は、間瀬和三郎に却下されても、そのまま江戸藩邸を出る気にはなれなかった。彼は、邸内にある学校で教授をしている広田精一《せいいち》を訪ね、自分の考えを話した。

広田の父は笠間★藩士の第二子だったが、わけあって流浪し、宇都宮で戸田家家臣の広田家の養子となった。広田精一はその長男として天保十一年（一八四〇）に生まれた。学業に精進し、文久二年（一八六二）には戸田家の侍講となる。

県勇記の話を聞いた広田精一は、手を打って賞した。そして、自分が間瀬に会って、もう一度説得しようと、勇記を待たせて、間瀬のところへ向かった。しばらくして戻ってきた彼は欣然《きんぜん》として「事なれり」と勇記に伝えた。勇記は不覚に

▼笠間　現・茨城県笠間市。

も小躍りして喜んだという。

勇記は改めて間瀬とこの問題について話し合った。間瀬が「自分も意を決したが、ただ気になることがある。幕府の財政は逼迫していて、莫大な費用がかかるような話は採用されないかもしれない。戸田家にしても、税収は少なく、負債は多い。幕府から費用が出なかったらどうする」と勇記に問うと、勇記は、「もし費用のことが理由で幕府が採用しないということになったら、自力で成功させるべきでしょう」と答えた。

勇記の考えは、山陵修補は土木工事であり、要は人手を確保できるかどうかだから、家臣を身分の上下など関係なく動員すればいいというものである。そして、今担当している江戸城門の守備の任を免除してもらえば、そこにかかる費用が浮き、それを修補事業にまわせるし、それでも足りなければ、全国にいる勤王の大名などに助力を請えばいい。その説得は自分がやると、間瀬に説明した。

間瀬は納得、さらに具体的な策を五日かけて練り上げた。ところが、間瀬は、もう一つ問題があるという。大橋訥庵らのことがあってからというもの、宇都宮にいる戸田七兵衛、石原七郎兵衛の二人の家老は、勤王の動きを恐れていて、この策を聞いたら反対するに決まっている。もし反対されたら、この策は実現できないというのだ。

勇記は、二人は頑迷な人物ではない。きちんと説明すればわかってもらえるとして、説得のために宇都宮に向かった。

ちょうどこの頃、尊攘派の公家大原重徳《しげとみ》★が、一橋慶喜、前福井藩主の松平慶永《よしなが》★(春嶽)を登用せよとの勅旨を将軍家茂に伝えるため、島津久光率いる薩摩兵とともに江戸に向かっていた。兄斉彬《なりあきら》の死後、島津家を継いだわが子忠義の後見人となっていた久光は、安政の大獄で失脚していた一橋慶喜や松平慶永と手を組み、幕政改革を行おうとした。久光は兵を率い、京都に入り、ここで寺田屋騒動★を起こし、朝廷からは公武合体のもとでの幕政改革の命令を出させ、大原を勅使に立て江戸にやってきたのである。江戸着は文久二年六月七日。

一方、幕府側は、坂下門外の変で四月に安藤が失脚。六月二日に久世広周も職を解かれていて、久光が江戸に来た時、老中職にあったのが板倉勝静《かつきよ》★、脇坂安《やす》宅《おり》★、水野忠精《ただきよ》★らであった。

大原はさっそく勅旨の実行を板倉らに迫り、七月には慶喜が将軍後見職に、慶永は政治総裁職に就いている。

五月二十九日、宇都宮に着いた勇記は家老の石原に面会し、説得を開始した。まず間瀬、勇記が練り上げた山陵修補事業について説明、「今、大原卿が江戸に向かわれているので、江戸にて大原卿にこの策について伺った上で幕府に建言。首尾よくこの事業が成功すれば、幕府から一万石の恩賞が得られ、戸田家の窮乏を救うだけでなく、それで開墾もでき、教育にも力を入れられる。結果、領内の

▼大原重徳
尊攘派の公家。王政復古後、参与などを務めた。一八〇一～一八七九。

▼松平慶永
越前藩主。安政の大獄で隠居・謹慎となるが、政治総裁職として復権、公武合体に尽力。一八二八～一八九〇。

▼寺田屋騒動
文久二年（一八六二）、討幕を企てた薩摩藩士が京都の寺田屋に集まっていた。公武合体を進めていた島津久光は、彼らを抑えるために家臣を寺田屋に派遣、乱闘になった事件。

▼板倉勝静
備中国松山藩主。山田方谷を登用し、藩政改革を行う。戊辰戦争では箱館まで転戦した。一八二三～一八八九。

▼脇坂安宅
播磨国龍野藩主。京都所司代、老中を務める。一八〇九～一八七四。

▼水野忠精
出羽国山形藩主。若年寄、老中を歴任。父は天保の改革を行った水野忠邦。一八三二～一八八四。

民の生活も潤い、善政となり、戸田家の幸福になる策である」と述べた。もう一人の家老、戸田七兵衛にも同様のことを話した。

一万石の恩賞というのは、間瀬が、例えば江戸城の修築などを成功させると幕府から一万石の恩賞があるという例を勇記に話していて、勇記はこれを石原らに対する説得材料にしたのだ。

勇記の話を聞いた両家老は「異論なし」とし、「間瀬を助け、この事業を成功させよ」と指示した。

ちょうどその前日、勇記の復権の沙汰が下りていた。戸田家は河内にも領地があり★、勇記はここの郡奉行と京都の正親町三条実愛の家務会計を兼務することになっていたのである。もし山陵修補事業が認められたら、活動の場は京坂になる。これは好都合と勇記は喜んだ。

六月十二日に江戸に戻った勇記は間瀬に報告。大原重徳はすでに江戸に着いていた。勇記はまず大原に随従《ずいじゅう》してきた薩摩の堀小太郎に会い、山陵修補事業と大橋訥庵ら獄中の同志への寛典《かんてん》のため尽力を依頼。これをたびたび繰り返し、七月三日にはようやく大原卿に会うことができた。堀はのちの伊地知貞馨《いじちさだか》で、久光の側近。訥庵と交わりがあり、勇記が堀に接触したのは、獄中の訥庵の指示によるものだったという。

勇記の話を聞いた大原は、今上（孝明天皇）も即位時から山陵の荒廃には憂慮

▼河内にも領地があり
戸田家は下野のほか河内にも領地を有していた。

されているのでよい話だと、朝廷への周旋を約した。この時、勇記は訥庵らへの寛典についても嘆願。大原は、それについてはもう聞いていて、訥庵のことについては朝廷から内命があって、数日のうちに出獄となるだろうと伝えた。

その後、間瀬も大原と会い、さらに、すでに政治総裁職に就任していた松平慶永を訪れ、山陵修補事業の趣旨を話したところ、慶永は、幕府としても勤王の意を形にしたいと思っていたところであり、戸田家の案は幕府にとっても幸いなことだから、速やかに建白すべしと、間瀬を急がせた。

この時、勇記は宇都宮の家族が病にかかったという知らせがあり、江戸にいなかった。そこで間瀬は広田精一とともに建白書をつくり、慶永にも見せてから幕府に建白。閏八月八日のことである。そして、十四日、宇都宮城主戸田忠恕《ただゆき》に対して山陵修補事業の採用が伝えられた。建白してわずか六日である。徳川斉昭が建言した時却下されたのとは大きな違いだ。勤王の気運が世に高まる中、幕府も何らかの形で勤王の態度を示し、公武合体を確固たるものにしたかったのだろう。

大橋訥庵、菊池教中の死

この間、県勇記の奔走もあって、まず訥庵が出獄となった。文久二年（一八六二）七月七日のことである。それより前の六月二十五日、児島強介は二十六歳で獄死した。

囚われた訥庵らの獄中での日々はつらいものだった。四月には教中が高熱を出して苦しみ、夏に入ると、暑さがみなを苦しめた。訥庵は暑さで「身体がとろけて死んでしまうかと思うほどである」と書き残している。その暑さの中、児島は六月十日を過ぎた頃から下痢に苦しみ、日々悪化していき、息を引き取った。

この間、訥庵、教中らと外部との連絡は金にものをいわせてそれなりにとれていた。教中は豪商佐野屋の主でもあり、訥庵はその義兄だ。真岡の分店がもっぱらその役を果たした。獄卒や牢名主に湯水のごとく賄賂を使うことで、手紙のやりとりや差し入れなどが行われたのである。手紙のやりとりによって、獄中の面々が口裏を合わせて取り調べに臨むことも可能だった。教中は獄中での日々を記した日記★を残しているが、竹の子の煮しめなどの食べ物や金が当たり前のように差し入れられていて、特に金は牢内で役に立ったようだ。この時佐野屋が使った金は三七〇〇両を超えたという。

町奉行は、それぞれへの尋問を繰り返し行ったが、決定的な証拠がないという状態だった。そのような中、大原重徳が江戸に来て、訥庵、教中らの出獄となったのである。教中は七月二十五日に牢を出ている。勇記は訥庵が獄を出た翌日、大原に礼を述べに行った。ところが、訥庵と教中は、それぞれ出獄してすぐに病を発し、死んでしまう。毒殺説もあるが、定かではない。

▼日記
『幽囚日記』。

菊池教中の墓（宇都宮・生福寺）

勇記は、訥庵らの出獄と山陵修補事業に関して奔走してくれた堀小太郎に礼をいうため、八月十一日、薩摩藩邸に赴いたが、堀はすでに江戸にいなかった。勇記は「一言も礼をいわずに別れてしまったのは本意にそむくものだ」と残念がった。

堀は、幕府から催促されていた島津忠義の参勤を遅らせ、久光の江戸への出兵の準備のための時間を稼ぐために、江戸藩邸を自ら焼かせた事件★に関与していて、それが幕府に発覚し、薩摩に戻されていたのである。

その後、岡田真吾、松本銈太郎、多賀谷勇、小山春山らも出牢している。横田藤太郎は六月に獄死した。

大橋訥庵の墓（東京・谷中）

▼江戸藩邸を自ら焼かせた事件
薩摩が、藩主島津忠義の参勤を遅らせるため、自ら江戸藩邸を焼き、出府の遅れを幕府に認めさせた事件。のちに自作自演であることが発覚。主犯格の堀小太郎は江戸から鹿児島に送られる。

5 高徳藩の誕生

山陵奉行として山陵修補事業を成し遂げた戸田忠至。
その功績が認められ、一万石の大名となった。高徳藩の誕生である。
日本で最後に生まれた藩だったが、その歴史はほんの数年だった。

山陵奉行戸田忠至の活躍

文久二年（一八六二）閏八月二十九日、県勇記は江戸を発ち、京に向かった。途中、三河で公用を果たし、九月十九日に京着。正親町三条実愛に拝謁し、その御側用人を命じられる。京にあっては、桂小五郎、武市半平太など長州、土佐、薩摩、会津の面々と交わった。その後、宇都宮から山陵修補に携わる家臣も京に着き、間瀬和三郎忠至《ただゆき》もやってくる。間瀬は、戸田忠翰《ただなか》の弟、忠舜《ただきよ》の子で、間瀬家に養子に出ていたのだが、この時戸田の姓に復し、十月に山陵奉行となる（以下「忠至」と表記）。

勇記は大和に出向き、神武天皇陵を調べたりしたが、宇都宮に呼び戻され、中老★となり、また会計総裁も任命される。その後、宇都宮での幕末の動乱の中で奔

▼中老
家老の下の役職。

走し、現地での山陵修補事業にかかわることはなかった。勇記が会計総裁を命じられたのは、戸田家では財政難の上に山陵修補の費用も捻出しなければならず、その任を担わせるためだろう。

この費用に関しては、当初幕府から費用を負担するので見積もりを出すよう指示があり、戸田家では山陵一カ所につき五五〇両、数は神武天皇陵を除いて九〇カ所とし、合計四万九五〇〇両とした。これは厳密に試算したものではなかったようだ。実際にかかった費用は約二二万七五七〇両で、そのうち、六万三七〇〇両を幕府が、約五万両を宇都宮戸田家が出し、そのほか館林の秋月家が雄略天皇陵を修復するなどして約七万両を負担、戸田家との関係が復活していた豪商川村家が一万五千両を、残りを多くの篤志者《とくしし》が負担している。

山陵奉行戸田忠至は、工事の方針として、山陵に人がみだりに近づけないようにすることを第一とした。天皇陵では、耕作地として人糞が撒かれ、その領主も知った上で年貢地となっていたり、民家が建てられていたり、盗掘があったりしていることが、調べていくうちに明らかになっていくが、このようなことを考えれば、忠至の方針は妥当なものだった。具体的には、侵入を防ぐ上で大切な堤や堀を修理し、堤の上には柵をつくり、正面には木戸を設けて施錠するなどしたのである。

事業は有志の協力も得て各陵の実地調査から始まり、文久三年（一八六三）五月の神武天皇陵の工事着手を皮切りに、同時並行的に修補を進めていった。そして、八〇以上の天皇陵の修補を慶応元年（一八六五）までに終わらせている。

この間、「勇記が水戸の山陵取り調べ記録を盗んだ」、「美名を借りて賞をむさぼろうとしている」というような誹謗中傷があり、忠至も職を辞そうと考えたこともあったようだ。それでも、忠至の尽力と多くの協力があって、戸田家はこの大事業を成し遂げたのである。

戸田家の家臣の多くがこの事業に携わった。訥庵らとともに入獄し、その後、放免となった松本鉄太郎も、弟忠平とともに取り組んだ。鉄太郎はのちに新政府に登用され、広島県師範学校校長、鹿児島県裁判所判事などを歴任。忠平は事業の途中、天誅組★に加わり、死んでいる。

この事業に尽力した者に対して、朝廷から恩賞があり、例えば松本鉄太郎に銀一〇枚というように、戸田家の家臣たちも褒美を得た。

ただ、この事業を考え、その実現に寄与した県勇記には何もなかったようだ。勇記は『山陵修理始末略記』の最後で、これにかかわった者はそれぞれ恩典を受け、戸田家の家臣も家禄が増したり、金銀物品を賜ったりしているのに、事業の半ばで宇都宮に戻り、天狗党の件で罰を受け幽閉させられたためか、あるいは修補事業にかかわった日数が少なかったためか、自分だけ何もなく、埋もれ木となってしまったと慨嘆している。

県勇記の墓（慈光寺）

▼天誅組
尊攘派の一団で、文久三年（一八六三）侍従中山忠光を擁して大和で挙兵したが、諸藩に鎮圧された。

確かにこの事業に戸田家が取り組むきっかけをつくったのは勇記であり、推進役となったのも勇記だ。それが公に認められず、残念だったのだろう。勇記がいう天狗党の件については五章で述べる。

戸田忠至、高徳藩主に

その県勇記とは反対に、山陵修補事業を成し遂げ、大きな恩賞を得たのは戸田忠至である。慶応二年（一八六六）三月、忠至は山陵修補事業の功績によって宇都宮戸田家から一万石を分知され、大名となり、菊の間★詰めとなった。

高徳藩の誕生である。

領地は高徳、藤原、塩原など下野で千七百三十五石、河内で若江、丹北など五千二百六十五石。それに下野の村々の新田三千石で計一万石。陣屋を鬼怒川沿いの高徳村に置いた。ここは中世に高徳氏の館があったところといわれ、かつては土塁や堀が残っていたという。高徳はのちに新政府軍と旧幕軍との戦いの場ともなった。

ここで、一大名の重臣の地位から最小の一万石とはいえ、大名に名を連ねることになった忠至について触れておこう。

先にも記したように、忠至は、藩主忠翰の弟、忠舜の二子として生まれた。文

高徳陣屋跡（現・日光市高徳）

▼菊の間
江戸城中の三万石以下の譜代大名などの詰め所。

化六年（一八〇九）のことである。十歳の時大番頭《おおばんがしら》戸田土佐守の与力木村家の養子となるが、十一年ほどで木村家を出る。少禄で生活が苦しかった木村家は、大名家の一族から養子をもらえば、そこから賄《まかな》い料が出ると思ったが、それがなかったため、木村家とうまくいかなかったようだ。おそらく忠至につらくあたったのだろう。貧困も味わったはずだ。忠至は「この時の艱難辛苦《かんなんしんく》は言葉に尽くせない。恥辱の連続だった」とのちに語っていたという。しかし、この時の経験は下層武士の生活を知る上で役に立った。

その後、天保四年（一八三三）に戸田家家臣となり、二百石を得て取次格上席となる。二年後には用人役、天保九年九月には番頭《ばんがしら》役に、同年十二月に三十石が加増され、二百三十石取りとなった。このように着実に出世し、天保十三年には、相続人が絶えた重臣間瀬家を継ぎ、六百石を得た。

木村家を出た忠至は、しばらく江戸の実兄のところに身を寄せていたが、その後、姉が嫁いでいた宇都宮の間瀬家に逗留。その間瀬家では姉が産んだ男子二人が病死し、養子を迎えなければならない状況となった。それで、藩主忠温から忠至に間瀬家を相続するようにとの命令があったのである。

間瀬家を継いだ忠至は、弘化元年（一八四四）には家老に、嘉永四年（一八五一）には二百石加増となり八百石に、安政三年（一八五六）十月には上席家老となって、十二月に二百石が加えられ、一千石となった。そして、既述したように

高徳陣屋跡横を流れる鬼怒川

戸田家の柱として若い忠明、忠恕を支えていく。この頃、職責の重さを感じてか、神仏に誓い、肉を断ち、酒を禁じた。自らを律して、戸田家を守っていこうという気持ちが感じられる。

この忠至、尊攘の思いが強く、大橋訥庵と攘夷について激論を交わし、実際に率先して攘夷を決行しようとしたこともあったようだ。そのため、「宇都宮の家老間瀬和三郎は攘夷家なり」という噂が広がり、各地から多くの尊攘の士が彼の屋敷を訪れ、議論をしたという。しかし、山陵修補の事業に乗り出してからは、攘夷よりも尊王のために、維新の動乱の京都にあって、その成功に全力を注いだのである。

さて、文久二年（一八六二）十月に山陵奉行となった忠至は、翌年の一月に従五位下大和守となり、朝廷より二百人扶持を賜った。慶応二年（一八六六）三月に山陵修補の尽力により大名となった後も京にあって山陵の取り締まりにあたり、七月には京都若年寄に任命され、十二月に孝明天皇が崩御《ほうぎょ》すると、埋葬の御用掛を務めた。忠至は、古制にならい、盛り土にする高塚式の山陵をつくるよう建言し、それが認められ、築造に尽力した。慶応三年九月には、その子忠綱も山陵奉行見習いとなる。

ところで、この年の十一月、京都の七条油小路《あぶらこうじ》で殺し合いがあった。新選組の歴史で重要な出来事の一つ、油小路の決闘である。新選組の伊東甲子太郎一派

戸田忠至（右）と忠綱（左）の墓（東京・谷中）

が近藤勇《いさみ》らと袂を分かち、これを近藤らが油小路で粛清した事件だ。

　この伊東らは新選組を出て、武家伝奏から孝明天皇の御陵衛士《ごりょうえじ》に任命されていた。その仕事は天皇陵の守衛であり、山陵奉行に属していた。つまり、忠至の支配下にあったわけである。もっとも、忠至と伊東が実際に顔を合わせることはなかったろう。

　それから間もなく、長州兵が三田尻を出て京に向かった。そして十二月六日、朝廷の命で忠至は二条城に赴き、幕府に長州が京に入ることについての可否を尋問。その後、朝廷は王政復古を宣言。京の町が騒然とし、鳥羽・伏見の戦いがまさに始まろうとする中、忠至は泉涌寺《せんにゅうじ》★で孝明天皇の山陵を守護する。十二月十二日、金穀出納《すいとう》の役を命じられ、二十三日には孝明天皇一周忌の御祭典御用掛を仰せつかった。

　この頃、忠至は戸田家家老時代と同様に金策に奔走している。新天皇になり、孝明天皇時代の調度はすべて新調しなければならなかったが、その費用は一七万両。朝廷には金はなく、幕府に頼んでも、十月にすでに大政奉還をしているのだからと出さない。豪商に頼んでも、今にも戦争が始まろうというので、京都には金を置いていないので都合がつかない。大坂城にいた慶喜のところへ行き、金員を携えて帰京したという話があるが、これも金策のためだろう。どれくらい都合がついたのかはわからない。

▼泉涌寺
京都の真言宗の寺で、皇室の菩提所。四条天皇以降の陵が後ろの山にある。

明治に入り、新政府の体制になってからは、参与、会計事務局判事、京都裁判所副総督、御医師支配、権弁事《ごんべんじ》、御陵頭などさまざまな役職を務めた。このように、忠至は京都で働き、陣屋がある高徳にはいなかったようだ。その子忠綱も同様である。

明治二年（一八六九）、忠綱が家督を継ぎ、版籍奉還後、高徳藩知事となっていたが、翌年に下野と河内の領地は上知《じょうち》となり、下総で一万石を与えられ、曾我野★に移り、忠綱は曾我野藩知事となった。忠綱は山陵修補に携わっていた時、その成功の図などを作成して朝廷に献じたという。

曾我野では、彼は養蚕《ようさん》技術を家臣に学ばせ、産業の振興に努めたようだが、明治四年の廃藩置県により、廃藩となる。

高徳藩は、江戸幕府の最後の瞬間にほんのわずかの間、藩として存在はしたが、その歴史はほとんどなかったのである。

忠至は七十五歳まで生き、明治十六年（一八八三）三月に死去する。死後、その歯・髪は孝明天皇の陵のそばに葬られた。遺言だった。宮内省は特にそれを許したという。墓は東京の谷中にある。忠綱は大正十一年（一九二二）一月、八十三歳でこの世を去っている。

岡田真吾が戸田忠至を「狸《たぬき》親爺」と評したという話が残っている。確かに、アメリカ公使館の警固の命を断わりに老中久世広周に直談《じか》判に行き、戸田家に任

▼曾我野
現・千葉県千葉市中央区。

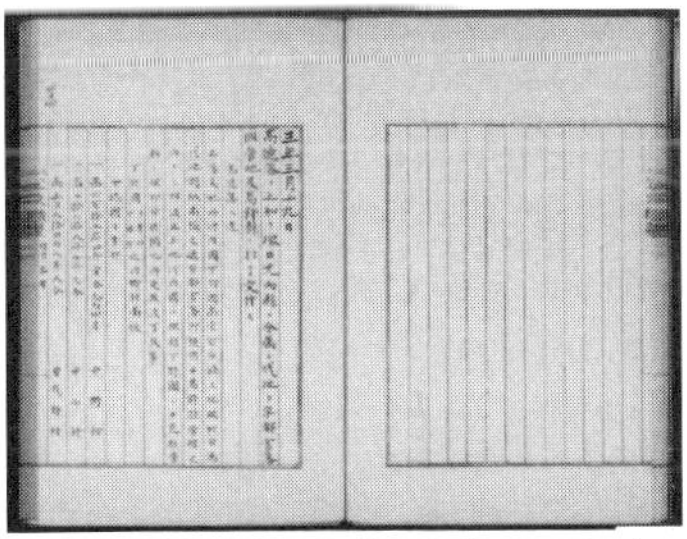
太政類典（太政官日記等を編集したもの）にある高徳藩が上知となった時の記述（国立公文書館蔵）

せたら不慮のこともあり得ると、さりげなく脅したり、財政難で、絶縁状態にあった豪商川村家に自ら足を運び、重臣である身分にもかかわらず、商人に頭を下げたりするなど、こうすれば相手も折れるだろうからという計算をした上でのことと受け取れる行動をしている。

そんなところが岡田の目には「狸親爺」と映ったのかもしれない。しかし、この「狸親爺」がいたからこそ、激動の幕末において、戸田家がなんとか宇都宮の主として明治まで存続することができたともいえるのである。

これも宇都宮

宇都宮ゆかりの人物(2)

与謝蕪村《よさぶそん》

「春の海終日《ひねもす》のたりのたり哉《かな》」などの句で知られる与謝蕪村（一七一六―一七八三）。この江戸期を代表する俳人は、宇都宮と少なからぬ因縁がある。

蕪村は摂津国（現・大阪府）に生まれ、江戸に出て、下野国烏山《からすやま》出身の俳人夜半《やはん》亭《てい》早野巴人《はじん》に学ぶが、寛保二年（一七四二）に師が死ぬと、世俗化した江戸の俳壇に不満を持ち、江戸を離れて放浪生活に入った。

当初、同門で結城に住む砂岡雁宕《いさおかがんとう》のところに身を寄せたが、その後、奥羽まで放浪。その途次に宇都宮を訪れた。寛保三年のことである。

宇都宮には雁宕の娘婿の佐藤露鳩《ろきゅう》が住んでいた（現在の仲町）。彼はここにしばらく滞在し、翌年に『歳旦帖《さいたんちょう》』を編んだ。

『歳旦帖』は正式には『寛保四甲子《きのえね》歳旦歳《せい》暮吟《ぼぎん》』といい、蕪村が露鳩一派と提携して編んだものだが、この時、それまで使っていた宰鳥《さいちょう》という号を改め、蕪村としたのである。つまり、宇都宮は蕪村号の誕生の地となったわけだ。

蕪村号誕生の地の碑（仲町）

川村迂叟《うそう》

戸田家の窮乏を何度か救った江戸・日本橋の豪商・川村家。同家と戸田家の江戸藩邸が近かった関係で、つながりができたという。

幕末に戸田家を援助したのは、文政五年（一八二二）に生まれた川村迂叟（通称伝左衛門）である。

迂叟は明治四年（一八七一）、宇都宮に製糸工場を営む大嶹《おおしま》商舎を設立し、明治七年には一〇〇人以上が働くほど大きくなった。明治初期の模範工場とされ、岩倉具視、井上馨、大隈重信らが訪れた。明治の半ばには、栃木県の製糸生産量の四分の一がこの工場で生産されたという。

迂叟は明治十一年に銀行を設立したり、近隣の農民に桑苗の配布や肥料代の無利息貸し付けを行って、農民救済に尽力したりした。

彼は明治十八年に亡くなるが、その後、銀行の経営が悪化し、大嶹商舎と銀行は三井財閥に譲渡され、大嶹商舎は大正四年（一九一五）に閉鎖された。

これも宇都宮

宇都宮城と戸田家の藩校

宇都宮城の輪郭

宇都宮城は、本丸を二の丸、三の丸が囲み、それぞれ堀がめぐらされていて、さらに回曲輪があるという形で、規模は南北約一二〇〇メートル、東西約一〇〇〇メートルで、約三七万三〇〇〇坪という広いものだった。

四〇〇〇坪ほどの本丸には天守はなく、櫓が五つ土塁の上にあった。北櫓、清明台櫓、東櫓、富士見櫓、辰巳櫓である。

将軍の日光社参の時には本丸に御殿をつくり、用が済むと取り壊した。城主は二の丸の御殿に住み、ここは藩庁舎でもある。家臣の屋敷は三の丸の外、回曲輪内に集まっていた。江戸末期の図面を見ると、三の丸の太鼓門を出て、三日月堀を越えたところに家老の戸田三左衛門の屋敷が、その左手の大手門の辺りに藩校の修道館がある。高禄の家臣の屋敷は一五〇〇から二〇〇〇坪もあった。そのほかは八〇〇から一〇〇〇坪くらいだった。

この名城宇都宮城も戊辰の役で焼け、さらに明治、大正、昭和と時を経るにつれ、堀、土塁なども姿を消したが、平成に入り、再建が始まり、平成十六年に櫓の工事を開始、平成十八年に竣工した。再現されたのは清明台櫓などがある本丸の一部だが、現在は宇都宮城址公園として宇都宮のシンボ

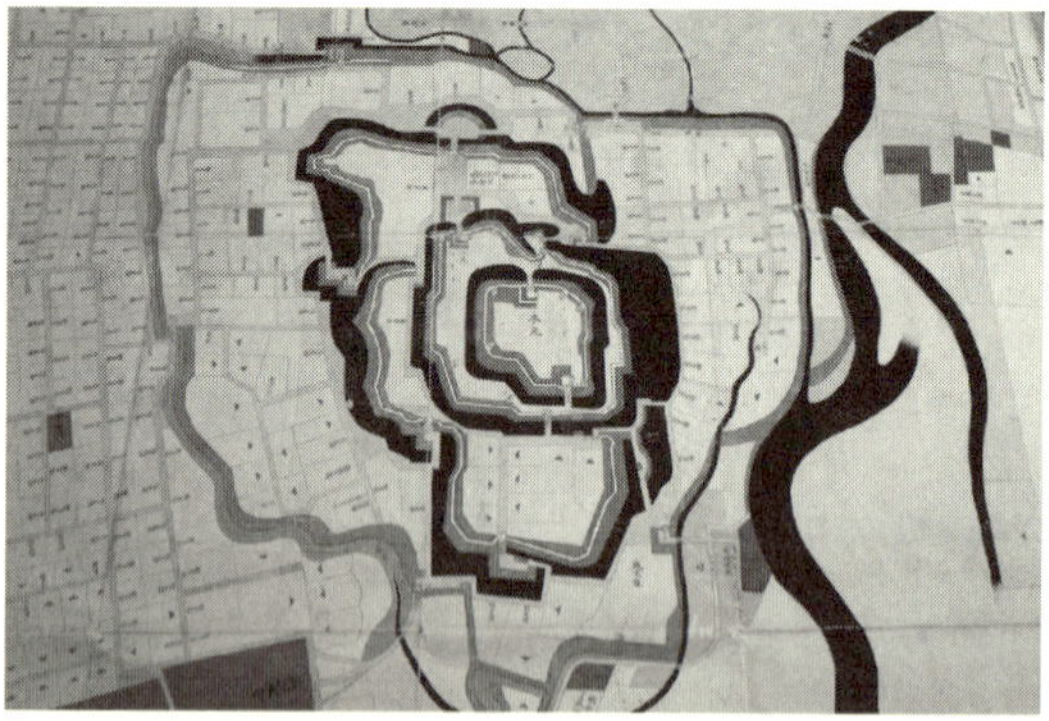

「下野国宇都宮城絵図」
（戸田忠和家文書／栃木県立文書館蔵）

現在の宇都宮城全景

ルとなり、また、市民の憩いの場ともなっている。
また、毎年秋には「宇都宮城址まつり」が行われ、日光社参の行列を再現するなどしている。

藩校・修道館

戸田家の藩校は文化八年（一八一一）から十二年に百間堀前につくられた潔進館が最初である。安政五年（一八五八）にこれを大手門内に移し、修道館と名を変えた。学問をするところだけでなく、剣術、柔術、弓術、槍術の稽古場もあり、文武ともに鍛える場だった。

生徒は常時五〇人程度で、七、八歳から入学させている。家臣に入学を督励はしたが、強制ではなく、他の私塾へ通っても問題はなかった。一等から三等までランクがあり、三等では大学、中庸、論語などを、二等では易書、春秋左氏伝、国史略、十八史略などを、一等では大学、中庸、論語、孟子、易経、大日本史、日本外史などを学び、試験があって合格すれば上へ進むというものである。費用は藩が出していた。

藩主は年に一、二度生徒の講読を聞き、優秀者には賞品を与えたという。「傲惰《ごうだ》するなかれ」、「喧嘩するなかれ」、「つねに虚心以て己れの益を受くべし」などの校則もあった。

文武の両課程を終えた者は、江戸、あるいは他国への遊学ができ、江戸では大橋訥庵の思誠塾に行く者が多かった。

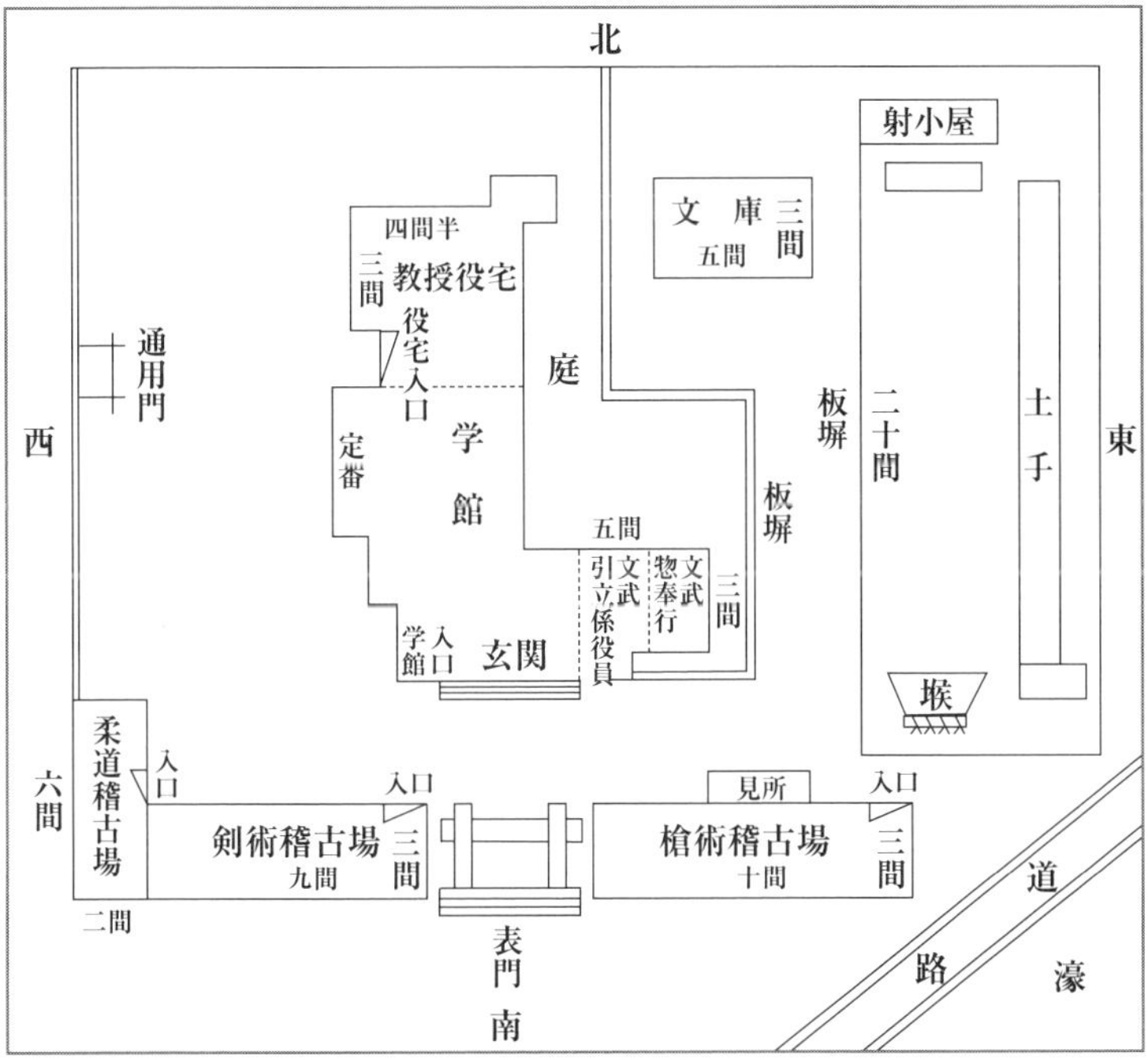

宇都宮藩修道館平面図（『宇都宮市史』を参考に作成）

これも宇都宮

宇都宮の祭り

おたりや

おたりや

一月と十二月に二荒山神社で行われる神事。一月を「春渡祭」、十二月を「冬渡祭」と書き、ともに「おたりや」と読む。儀式が夜中に行われたため「渡り夜」と称し、これがなまった。

太々神楽

二荒山神社で江戸中期から続いている神楽。市指定文化財。八坂神社（今泉）でも行われている。

天王祭

七月に行われる二荒山神社内の須賀神社の例祭。各町内の御輿《みこし》が神社に集結。

ふるさと宮まつり

八月に開かれる宇都宮の大イベント。御輿、おはやし、郷土芸能などが登場。北関東最大の祭り。

獅子舞

八月に市内各所で行われる獅子舞。白山神社（逆面町）の逆面獅子舞（写真上）、関白山神社（関白町）の天下一関白神獅子舞（写真下）、江戸後期の大火で焼けた二荒山神社再建をきっかけに行われている天下一関白流御神獅子舞など。

（全写真提供、宇都宮市）

菊水祭

十月に行われる二荒山神社の本祭。流鏑馬もある。

梵天祭

五穀豊穣、家内安全を願い梵天を羽黒山神社（今里）に奉納する祭り。

太々神楽

天王祭

ふるさと宮まつり

菊水祭

梵天祭

第五章　幕末の宇都宮藩

新政府軍と旧幕軍の激突。宇都宮城は燃え落ちた。

1

天狗党に振り回される宇都宮藩

宇都宮領内に水戸の天狗党が入ってきた。
天狗党は戸田家に協力を求め、その対応に追われる戸田家。
幕命による天狗党討伐では失態を演じることになる。

天狗党の日光参詣

藩を挙げて山陵修補事業に取り組んでいた元治元年（一八六四）四月、水戸天狗党が宇都宮にやってきた。これが戸田家に危機をもたらす。

大原重徳《しげとみ》が勅諚をもって江戸に来て、幕府に攘夷を求め、幕府はそれを朝廷に約したにもかかわらず、攘夷をまったく行わなかった。

水戸の尊攘派は、これに苛立ち、憤りを募らせていた。そして、尊攘論者として徳川斉昭を補佐した藤田東湖の子、小四郎★は、非常の手段をもって幕府に攘夷を断行させるしかないと決意し、町奉行田丸稲之衛門《いなのえもん》を首領にして筑波山で兵を挙げた。三月二十七日のことである。小四郎らは集結してきた同志を組織し、日光東照宮に攘夷の祈願をすべく筑波山から石橋を経て、四月五日、宇都宮に入っ

▼藤田小四郎
水戸藩士。藤田東湖の四男。尊王攘夷を唱えて筑波山で挙兵するが、越前国敦賀で処刑される。一八四二〜一八六五。

た。

一行のこの時の様子を真岡代官山内源七郎が幕府に報告しているが、それによると、水戸天狗と称《とな》える浪士体の者が大勢通行し、行列は騎馬の者が八人、長棒駕籠に田丸稲之衛門が乗り、行列の中央に「従二位贈大納言源烈公」（徳川斉昭のこと）と書いた白木の輿《こし》を掲げ、鉄砲一二挺、槍二〇本余、一行の中には中間のような者は一人もいないで、全員帯刀、その数一五〇～一六〇人としている。

記録によって鉄砲の数や人数は異なるが、いずれにしても一〇〇人以上の武装集団が宇都宮領内に入ってきたのだ。戸田家はこの時日光山警固に兵を出し、かつ山陵修補事業にも家臣を派遣していて、手薄だった。そのような状態のところに藤田小四郎らがやってきたのだから、戸田家では慌てただろう。

天狗党は城下の本陣に入り、「烈公」の輿を据え、紫に三つ葉葵の紋を印した幕をはり、まわり五軒の旅館には白地の幔幕をはった。

小四郎や田丸らの狙いは、坂下門外の変でつながりが深く、かつ山陵修補を手がけるなどして勤王の念が強い戸田家を味方につけ、兵や資金などを供出《きょうしゅつ》させることだった。

翌六日、小四郎と斎藤佐次衛門が戸田家重役に会見を申し入れた。城内ではこれを拒絶すべしとの意見と、とにかく話だけは聞こうという意見とがあり、激論となったが、中老になっていた県勇記が話をまとめ、面会をしてみることとし、家老の戸田公平、安形半兵衛（安形家を継いでいた勇記の弟）、勇記が、藩校の修道館で応じた。対応したのはもっぱら勇記である。

小四郎は挙兵した理由を述べ、協力を求めた。これに対し勇記は、「兵を動かすには君命がなければならない」として即答を避けた。

その夜、小四郎が数人を引き連れ、勇記の私邸を訪れ、尊攘派の重臣戸田三左衛門、安形半兵衛らを交え、酒を交わしながら明け方まで激しく論じ合った。そして七日、小四郎と斎藤がまたやってきて戸田家の協力を仰ぐが、勇記はこの件に関しては幕府の意向も照会中と伝えた。戸田家の具体的な協力は何も得られないとわかった天狗党側は、勇記に全員で日光に参拝することを伝えた。これに対して、

「日光山中は狭隘《きょうあい》の地なので、大勢で行くのは控え、少人数で参拝してほしい」

と勇記がいうと、小四郎は、

「少人数で行って、残りを宇都宮城下に残しておくと、どのような粗暴なことをするか不安です」

と脅し、続ける。

「一同は再び帰郷することはないという決意であり、それを全員が神廟に誓いたい。少数でというわけにはいきません。すでに大半は昨夜日光に向かって出立しています。日光に着いてもすぐに参拝することはなく、断わるところには断わ

「戸田越前守藤原忠恕公宇都宮城入御行列之図」（部分）
（河合芳人氏蔵）

り、着衣もあらため、神妙に礼拝するつもりであり、決して乱暴なことはしません」

穏便に処理しようと思った勇記はこれを了承した。

会見が終わると、勇記はすぐに日光奉行★の小倉正義にこのことを早馬で知らせた。一方、宇都宮からの第一報を受けた幕府では、老中牧野忠恭《ただゆき》★が自邸に館林、大田原、黒羽、烏山、谷田部（茂木）、壬生、足利など宇都宮周辺の大名の家臣を呼び出し、いざという時即応できるようにしておくよう命じ、また、館林は宇都宮と同様、日光山の警固を任せられていたため、その増員が命じられた。

八日、天狗党が日光にやってくることを警戒した小倉は、壬生と足利に出兵を促し、戸田家も日光山警固の兵を増員。小倉は、日光参拝は許さないから、天狗党が来たら手前の今市で阻むように警固の兵に指示するとともに、戸田家の重役に、天狗党を宇都宮にとどめておくよう連絡した。

しかし、小四郎たちはすでに宇都宮になく、日光に向かっている。下手《へた》をすれば日光山警固の兵と天狗党が激突して、日光廟に兵火が及びかねない。

慌てた勇記は馬で天狗党本隊を追いかけ、宇都宮の北西にある日光街道の徳次郎宿の北で追いついた。そして日光奉行の意向を伝え、自重を促し、さらに日光に走った。日光奉行に小四郎らの参拝を認めさせようとしたのだが、小倉は首を縦に振らない。しかし、このままでは、日光参拝を認めた勇記が、小四郎たちに

▼日光奉行
日光東照宮を守衛し、日光町の諸政も司る役職。老中の支配下にあり、旗本が任命された。

▼牧野忠恭
越後国長岡藩主。京都所司代、老中を務める。河井継之助を起用し、藩政改革を行った。一八二四〜一八七八。

日光東照宮

対してその場逃れの安請け合いをしてしまったことになる。

勇記は、頑なに拒めば、東照宮を擁する日光山が戦場となってしまうと小倉を説得。勇記はこれだけは避けたかった。小倉もそれは同様だったようで、みだりに市中を徘徊しないこと、礼拝は一〇人限りとすることなど、条件付きで日光山に天狗党が入ることを認めた。小倉の依頼でこのことを知らせるべく、勇記はすぐさま天狗党のもとに向かった。

ところで、この間、藩主戸田忠恕は在府していて、九日に江戸を発ち、十一日に宇都宮に着いたとされるが、これについては『戸田御家記』では異説もあるとしている。江戸にいたという話は戸田家所蔵文書『当用留』や県勇記の日記がもとになっているのだが、語り継がれている話によれば、藤田小四郎たちが宇都宮に来た時は、忠恕は城にいて、小四郎たちが拝謁を望み、忠恕はそれに応じ、戸田家の家臣が居並ぶ中で小四郎や斎藤は滔々《とうとう》と自説を披露したという。また、家老だった藤田左京が後年この時のことを書き記していて、そこに忠恕と小四郎らの対面の様子が語られているのである。さらに、勇記の日記にも忠恕が三月の段階ですでに宇都宮にいたことを匂わせる記述があるとし、『戸田御家記』の著者は、これらをもって忠恕が宇都宮にいたことは確かだと述べている。

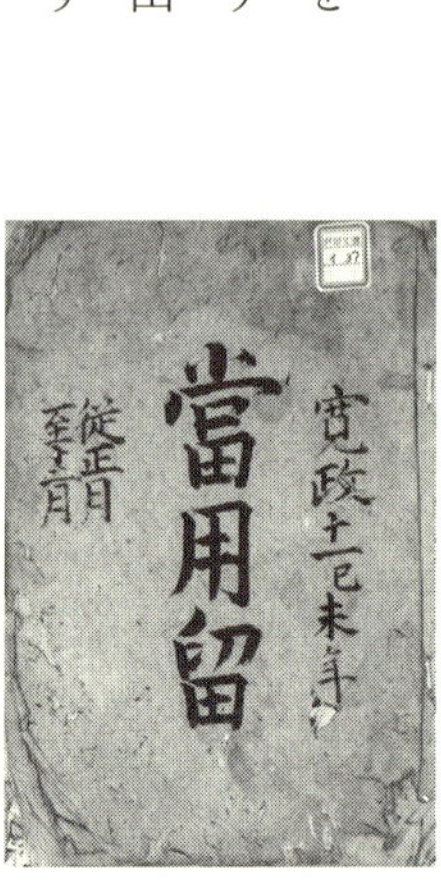

『当用留』
戸田家江戸御留守居役の御用日記
（戸田忠和家文書／栃木県立文書館蔵）

天狗党に与した者たち

小四郎たちは日光に宿泊はできず、今市にとどまり、勇記の奔走で、ともかく日光参拝だけは行われることとなった。約束どおり一〇人ずつの参拝で、三日にわたって行われた。その後、天狗党は下野南部の太平山に向かい、十五日にここに立てこもった。水戸の江戸屋敷ではこの一党を鎮圧すべく、美濃部又五郎、山《やま》国《くに》兵部らを派遣。山国は天狗党の首領田丸稲之衛門の兄である。彼らは十三日に宇都宮にやってきて、天狗党の一部はすでに太平山に入ったことを知り、後を追おうとしたが、本隊はまだその手前の金崎《かなさき》にいて、さらに一部は鹿沼にいるという知らせが入り、美濃部たちはそちらに向かった。

この時、日光例幣使《れいへいし》★が金崎宿を通過する予定だった。このため、幕府によって宇都宮、高崎、館林などの大名が警固を命じられている。小四郎たちが例幣使になんらかの働きかけをすることは予想できた。その行程は下野の栃木や鹿沼を通る日光例幣使街道を今市に進み、日光街道に入って東照宮に向かうというものだった。金崎宿はその通り道にあった。案の定、天狗党は例幣使に拝謁を申し込んだが、断わられている。勇記は今市まで例幣使一行を警固したという。

こうして天狗党は太平山に立てこもった。山国は小四郎たちと合流してしまう。

例幣使街道

▼日光例幣使
毎年四月十四日に行われる日光東照宮の大祭に朝廷から派遣される奉幣使。

この間、小四郎は使いを宇都宮に差し向け、しつこく出兵を求めていて、このようなやりとりや、東照宮参拝を取りもったことなどが、戸田家が幕府から再びにらまれる要因となる。

『戸田御家記』ではもう一つ、天狗党によって受けた影響を挙げている。家中の攘夷論を煽ったことだ。その結果、天狗党にかかわった家臣がいて、その名を挙げると、戸田次郎（のちに弾正）、小山光、堀貞道、松本定、杉山粂之助、星野徹之助、水田録三らである。松本は藩医の息子だ。

過激な家臣が出るのを憂えた忠恕は、過激派の主立った者を召して、「その志は嘉《か》するが、時務に通ぜず、戸田家の前途をあやまらせることのないように望む」と諭《さと》した。それでも、天狗党に与《くみ》する過激派がいたのである。これも幕府に悪い印象を与えた。

戸田次郎は戸田家老臣の家に生まれ、剣を江戸の講武所師範の戸田八郎左衛門に学び、さらに神道無念流の斎藤弥九郎《やくろう》★の門に入った。過激な尊攘論者で、天狗党が来る前から同志を集めて一党をなし、これを恐れた戸田家では次郎に退藩を命じ、他の者は謹慎処分とした。次郎は、その後水戸に渡り、水戸天狗党の一員となる。宇都宮に入った時の宿割りの名簿には手塚屋五郎兵衛方に止宿した者の中に戸田弾正の名がある。また、太平山での陣立ての中で先手組《さきてぐみ》の名簿には、「戸田弾正病気に付き、隊長須藤敬之進」とあって、この時は病にかかっていた

▼**斎藤弥九郎**
幕末の剣術家。桂小五郎などが学んだ。
一七九八～一八七一。

ようだ。さらに、天狗党は太平山を下り、筑波山に戻るのだが、この時は遊軍総轄として名を連ねている。そして、水戸磯浜で天狗党討伐の幕府軍と戦い、捕まる。『波山記事』★によれば、三日間晒されて磔になったという。

小山、堀、松本、杉山、星野、水田も一連の騒動の中で天狗党の一員として戦い、討ち死に、もしくは捕らえられて処刑された。

また、大橋訥庵の計画に連座し獄死した横田藤太郎の父、横田藤四郎も、彼らとともに戦った。彼は藤太郎が捕らえられた時、京都にいて難を逃れ、水戸に入り、天狗党に参加していた。藤四郎の子で、藤太郎の弟の藤三郎は父より先に天狗党に参加していて、京都から来た父と再会し、父子で天狗党挙兵に加わった。藤三郎は信州の和田峠での戦いで撃たれた。瀕死の重傷を負ったわが子の首をはねようとした父の藤四郎は、さすがにためらった。それを見ていた同志の一人が藤四郎に代わってはねたという。藤三郎は十八歳だった。

このほか、天狗党にかかわった人物として、真岡の商家の生まれで、坂下門外の変の時捕らえられ、放免されたが、天狗党を援助し、そのため再び捕らえられ佃島に送られた小山春山、鹿沼の人で天狗党に加わり、大正まで生き抜いた昌木晴雄、宇都宮伝馬町の生まれで、旅館と妓楼を営んでいたが、尊王の志が高く、名字帯刀を許されていて、天狗党に加担したことで家は闕所《けっしょ》、佃島に流されてそこで死んだ福田小兵衛などもいる。

▼『波山記事』
常陸国龍ヶ崎に領地をもっていた仙台藩の藩士が蒐集した筑波挙兵に関する史料集。

小山春山の墓（東京・谷中）

ちなみに県勇記は天狗党に与したとの嫌疑をかけられ、六月に御役御免・謹慎を命じられた。幕府の命によるともいう。勇記はすぐに佩刀《はいとう》を取り上げられ、目付一人と足軽四人に昼夜監視されるという軟禁状態に置かれたのである。

天狗党討伐の出兵

さて、太平山を下りた天狗党は筑波山へ戻った。その後、水戸家内の保守派と尊攘派の派閥抗争の様相を呈し、幕府は、保守派の要請もあって天狗党討伐を決し、総督に若年寄の田沼意尊《おきたか》★を据え、近隣諸大名を動員。天狗党と幕府軍との戦いが展開される。一方、天狗党側には、徳川斉昭の信任厚く家老職を務めた武田耕雲斎が合流し、彼が主導することとなり、常陸を離れ、一橋慶喜がいる京都を目指すが、最終的には、元治元年（一八六四）十二月、加賀前田家に降伏。越前国敦賀に送られ、耕雲斎、小四郎など三五五人が処刑されるのである。この中に横田藤四郎もいた。

この一連の流れの中で、戸田次郎や横田藤三郎たちも戦い死んでいくのだが、戸田家も幕命で天狗党と戦うことになった。時を少し遡ってみよう。

元治元年七月九日、幕府から天狗党追討のための出兵の命が下され、宇都宮兵は八月に出陣。石原琢磨と藤田左京を隊長として二隊を編成、総人数は四八三人

▼田沼意尊
遠江国相良藩主。若年寄。一八一九〜一八六九。

だった。筑波に入った宇都宮兵は二度にわたり敵と戦った。

このうち九月七日の戦いでは、宇都宮勢は田彦《たひこ》★に陣をしき、額田《ぬかた》★に兵を進めてここで戦った。すでに天狗党が要地を占めていたため、宇都宮勢は当初押されていたが、大砲を発射。天狗党の先鋒の将などを多数なぎ倒し、この勢いに乗って一気に攻め、天狗党は退散した。宇都宮勢は酒宴を開き、人夫には一〇〇文ずつ与えるなど勝利に酔った。藤田左京の日記では九月八日となっているが、それはともかく、藤田は、この時の勝利を「宇都宮藩三百年来始めて戦場勝ちを得たりと笑談す」と記している。浮かれ気味であった。それが次の戦いで暗転する。

翌日は雨で戦いはなく、そのまた翌日の九日、二度目の戦いが行われる。宇都宮勢が陣をしく田彦は四方が田圃《たんぼ》で地勢的によくないということで、水戸へ軍を退こうとしたところに天狗党が小銃等を撃ちつつ奇襲攻撃をしてきたのだ。宇都宮勢は突然の攻撃により大いに乱れた。敵の方向へ大砲を撃とうとすると、相手が放った砲弾が飛んできて和田荘吾が胴を撃たれて即死。それからしばらく銃撃戦となるが、その後、地理を熟知していた敵は軒下などから斬りかかってきて、斬り合いとなり、戦いは二時間に及ぶ。宇都宮勢は必死に防戦するが、崩れかかる。そんな中、沢井又四郎は槍で敵を突き殺したが、もう一人の敵に胴を斬られ戦死。城所《きどころ》此面《このも》は崩れる味方を励まし、馬で斬り込んでこれも戦死。劣勢は明らかで、石原隊の物頭長沢純吉は配下の指揮をほったらかして逃げ、藤田隊の物

▼田彦、額田
田彦は現在の茨城県ひたちなか市、額田は那珂市。

頭石原発夫がそれらをまとめて撤退した。特に奮戦したのは足軽隊で、士分の隊が退散する中、放り出されていた味方の大砲を回収して撤退したという。

　こうして宇都宮勢は死傷者を多数出した。そのため戦力が低下、弾丸もわずかになり、兵の疲労も増してきた。評議の結果、一時宇都宮に戻ることにし、これを追討軍の総督田沼意尊に知らせ、許可も得ずに引き揚げてしまった。

　これがまずかった。戦場で隊長の命令も待たず、疲れたので帰りますと自己申告して逃げてしまうようなもので、幕府は怒った。十月になり、もはや出兵に及ばないとの命令が田沼からあった。戸田家の面目丸つぶれである。そして隊長の石原と藤田とを督責、厳罰に処すように、また、忠恕に対し隠居を命じてきた。

　慌てた戸田家では再び出兵を願い出る。また、石原、藤田を譴責・蟄居とした。なんとか再出兵が認められ、今度は恒川七右衛門と福井栄を隊長に四八五人の兵を送り出す。そして、福島、壬生、新発田《しばた》などの兵とともに那珂湊に残っていた天狗党と交戦。隊長の福井が戦死するなど多くの死傷者を出したが、ついに天狗党は常陸を退散。幕府は陣払いの命を出し、宇都宮兵は十一月七日に帰城した。

　同じ頃、常陸を出た天狗党は再び宇都宮領内を通過した。この時、忠恕は断然撃退すべしと命じたが、重臣たちの意見がまとまらず、何の対応もできなかった。それまで戸田家を支えてきた忠至は京都にあり、県勇記も御役御免となっていて、この時、忠恕を守り立てて全体をまとめるような人物がいなかったようだ。

◆2

志士の死と減封・移封の危機

天狗党の件で、幕府は戸田忠恕に隠居を、さらに、減封・移封まで命じる。その撤回に奔走する家臣たち。また、領民も移封の免除を嘆願する。一方で、尊攘運動に身を投じ、禁門の変で命を落とす家臣もいた。

隠居・移封の沙汰

再出兵によって幕府の勘気《かんき》が解けたかというと、そうではなかった。天狗党への対応で幕府から叱責を受けていた戸田家に、ついに減封の沙汰がきた。元治二年（一八六五）一月のことである。

その理由は、「野州辺りで賊徒（天狗党）が暴行に及んだ時、公儀は諸家に追討の命令を出し、戸田家にも同様の命令を出したが、その家来の中には賊徒と従来から関係していた者もあり、さらに、追討に出た家来にも不都合があった。これは越前守（忠恕）の家政に不行き届きがあったからである」というもので、領地のうち二万七千八百五十五石を召し上げ、忠恕は隠居・謹慎。同族の忠友を養子として、家督（五万石）を継がせるというものであった。

そして三月八日には、奥州棚倉への移封の命令が下される。

安藤信行襲撃事件での戸田家家臣の関与、アメリカ公使館警固の拒否など、幕府には戸田家が忠勤を尽くしているとは思えず、天狗党の一件での戸田家の対応で堪忍袋の緒が切れたわけである。

戸田家ではなんとかこれを撤回させなければと、重役が江戸に出て陳情に努めたが、効果はなく、岡田真吾を京の正親町三条実愛《さねなる》と戸田忠至のもとに走らせ、朝廷を動かしてこの危機を乗り切ろうとした。

この時県勇記は、謹慎は解かれていたが、まだ無禄・無職。しかし、主家の危機を座視できず、行動に出た。岡田と同様、正親町三条実愛、戸田忠至などを経て、朝廷に訴え、幕府に対して移封の撤回を働きかけてもらおうとしたのである。

彼は重臣には真意を知らせず、限られた同志にのみ打ち明け、供を一人連れて宇都宮を出た。天狗党の一件以来、各所の警戒は厳重になっていたので、神官《しんかん》に変装し、間道を通って京に向かった。この時重臣に偽りの理由を告げて出たため、のちに家禄・居宅没収、妻子は本家預け、自らは叔父に預けられる処分を受ける。

京に着いた勇記は、主家に無断の行動なので、正親町三条実愛などに直接会うのを憚《はばか》り、京にあって山陵修補事業に取り組んでいた友人の松本鉄太郎らに依頼した。もちろん、京にいた忠至も尽力している。天狗党の一件での不手際が減封・移封の理由となっているが、自分がかねてより勤王の志を示し、山陵修補を行う

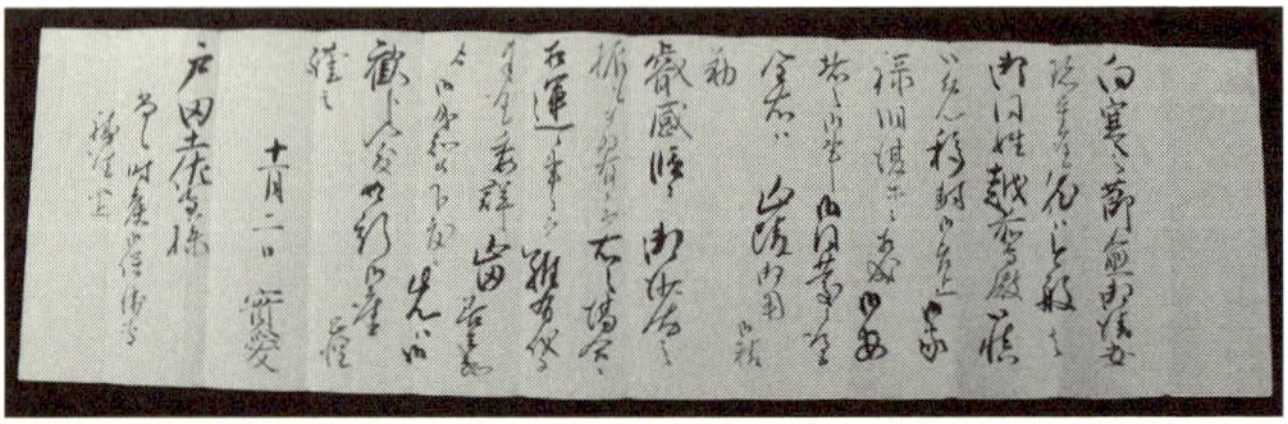

宇都宮藩主転封中止についての「三条実愛書状」
戸田忠友の転封中止と忠恕の謹慎解除が
山陵修補事業の功績によると書かれている
（戸田忠和家文書／栃木県立文書館蔵）

など、朝廷寄りの態度を示していたことで幕府が不満に思っていたこともあると思い、責任を痛感し、正親町三条実愛らに懇願した。

山陵修補という大事業に乗り出してくれている戸田家の危難とあって、朝廷も幕府に働きかけたが、当初幕府は、「山陵修補の功をいうなら、忠友は若年で何も知らないはずで、その功は大和守（忠至）にあるだろう。大和守に三万石を与える」として、忠友の移封の撤回は認めなかった。

これを聞いた忠至は、「それは望外のことだが、山陵修補の功は宗家《そうり》にあるのであり、宗家が元に戻らないのに、自分だけそのようなものは得られない」と自らの気持ちを伝えた。その志を受けとめた朝廷は、幕府に今回の処置の撤回を厳命。幕府も仕方なく受け入れ、十月、減封・移封は取り止めとなり、忠恕の謹慎も解かれたのである。

ちなみに、戸田忠友移封の沙汰があった時、領内二〇〇カ村を代表して郷村取締役が、天狗党騒動の時には領民が身命をなげうって協力したとして、領主の移封の免除を嘆願している。実際、一連の天狗党騒動に関係して領民も働かされた。戸田家が天狗党の追討に出向く際、人馬の徴発があったし、宇都宮に駐屯した幕軍や諸藩の兵の移動の際にも領内の多くの領民が動員された。もちろん、強制的なものではあったが、領主のために労を惜しまなかったようである。竹槍や鳶口《とびぐち》、鉄砲などをもって夜警を行った村もある。

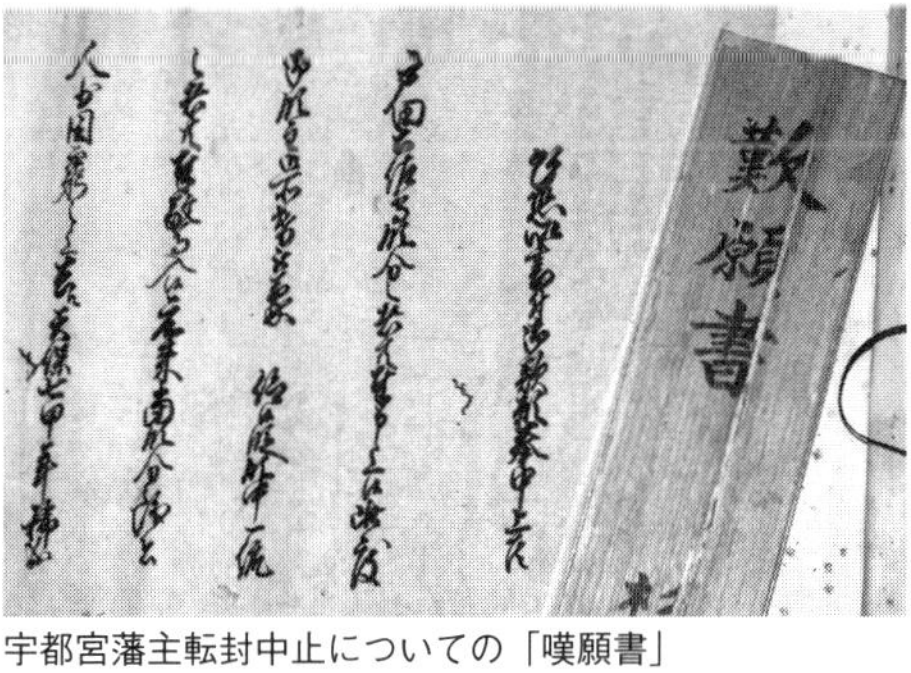

宇都宮藩主転封中止についての「嘆願書」
（杉山文雄家文書／栃木県立文書館寄託文書）

広田と岸上、天王山に死す

宇都宮が天狗党の件に巻き込まれていた時、京では禁門の変が起きている。この騒乱の中に二人の戸田家家臣がいた。広田精一《せいいち》と岸上弘《ひろし》である。

県勇記の山陵修補案に賛同した広田は尊攘思想の持ち主で、朝廷をないがしろにする幕府の専横に我慢ならなかった。戸田家を動かす方法もあるが、その力は微力で、かえって主君に累を及ぼすことになりかねない。そこで、脱藩し、尊攘を奉ずる力ある大名家に身を投じて国難にあたろうと考えた。

この時、同じ思いで広田と行動を共にしたのが、広田より三歳上の岸上弘である。藩祖戸田忠次以来の臣である岸上家の三男として生まれた彼は、文を大橋訥庵などに学び、武は宝蔵院流★の槍を修練した。槍では江戸藩邸で屈指の腕前だったという。広田とともに侍講を務め、肝胆相照らす仲だった。岸上は主君と母に遺書を書いて広田と京に向かった。国事に命を賭ける覚悟だったのだ。

二人は、京坂にしばらくとどまり、情勢を視察してから長州に入った。そこで高杉晋作や久坂玄瑞らと面会。その志を熱く語った。高杉らは二人を信じ、二人はその後、京都を中心に高杉らと行動をともにするが、この間、戸田家から広田に帰藩の命令がたびたびあり、広田は一度江戸藩邸に戻っている。重臣は広田に

▼宝蔵院流
奈良興福寺宝蔵院の僧、胤栄を祖とする槍術の一派。

君命として戸田家のために働くようにと説得に努めるが、「君父を捨てるのではなく、君父に代わって天下のために尽くしたい」と心情を訴え、その熱意に彼を引き止めることができなかった。広田は再び上京し、岸上と合流。二人は長州藩を中心に巻き起こる京都での激動の中に身を投じていく。

文久三年（一八六三）八月。八月十八日の政変と呼ばれる公武合体派の巻き返しがあった。それまで長州藩を中心とした尊攘派が京都での実権を握っていて、尊攘派の公家と力を合わせ、孝明天皇に攘夷親政の詔《みことのり》を出させることに成功したが、孝明天皇は不本意だった。そこで公武合体派の公家たちと京都守護職を務める会津、長州と対立していた薩摩などが御所の警固に乗り出し、公武合体派の公家のみを参内《さんだい》させ、長州藩の御所警備の任を解いた。長州は京都を追われ、三条実美《さねとみ》★ら七人の尊攘派公家も長州に逃れる（七卿落ち）。

これに対して、長州では京都での失地回復を図る尊攘派と幕府に恭順しようとする一派の対立があったが、新選組による池田屋での志士襲撃事件が起きると、藩論は尊攘に傾き、福原越後など三家老を指揮官に久坂玄瑞、来島《きじま》又兵衛、寺島忠三郎なども加わり、京都に出兵した。元治元年（一八六四）六月のことである。

長州兵は伏見、山崎、嵯峨に陣を張った。この中には長州以外の志士もいた。リーダー格が真木和泉★である。そして、広田と岸上の顔もあった。

家老国司信濃、来島らが指揮する嵯峨・天龍寺の陣にいた広田は、山崎、伏見

▼三条実美
尊攘派の公家。維新後、太政大臣、内大臣を務める。一八三七〜一八九一。

▼真木和泉（保臣）
筑後国久留米水天宮神官で尊攘派の志士。一八一三〜一八六四。

の諸隊との間を行き来し、密議に参加した。諸隊から久坂、寺島、真木、広田ら六人が人目を忍んで豊後橋の下に集まり、計画を練ったという。

そして七月十八日夜、長州兵は行動を開始する。しかし、伏見を出た福原の隊は大垣藩兵の迎撃を受け、福原が負傷し退却。天龍寺の隊は十九日の早朝、会津兵が守る蛤《はまぐり》御門《ごもん》に突入する。こうして禁門の変が始まった。会津兵および応援にきた桑名兵、薩摩兵と激突するが、来島は敵弾を受け戦死、広田も刀を振るい奮戦するが、数で上回る幕軍に圧倒され、天王山に退いた。

一方、山崎から出陣した久坂や真木らも苦戦。傷を負った久坂や寺島は自刃する。岸上はおそらく真木とともに戦ったのだろう。真木は残兵を集め、天王山に向かい、岸上も戦いながら天王山に至った。そこには友である広田がいた。

翌二十日、勝った幕軍による長州兵や浪士の追討が始まり、二十一日には、会津兵、桑名兵、新選組らが天王山に迫る。勝ち目がないのは明らかだった。真木は長州へ逃げず、ここで死ぬつもりだった。「禁門を血で汚した罪は重く、三条卿や毛利親子にあわせる顔がない」といったという。広田、岸上もこれに従った。

真木らは追討の兵と一戦交えてから山頂に行き、酒を交わし、真木が自刃。広田、岸上らもこれに続いた。ここで果てたのは宇都宮、土佐、久留米、筑前、肥後の志士一七人。京都の天王山には「十七烈士」の墓がある。この時自刃した志士たちのものである。広田、二十五歳、岸上、二十八歳だった。

「禁門の変」を報道した一枚瓦版
（京都市歴史資料館蔵・大塚コレクション）

③

騒然とする城下

江戸幕府は解体し、領内では打ちこわしが続発。
そのような中、戸田家も周辺諸藩も、新政府につくか、旧幕府につくかで分かれた。
戸田家は新政府にと藩論をまとめ、板橋に来ていた新政府軍に援軍を求めた。

忠友の謹慎

かろうじて棚倉への移封を免れた戸田家だが、安堵したのも束の間、さらに多難な状況が待ち受けていた。

この頃、徳川幕府の命脈はまさに尽きんとしていた。移封が中止となったのが慶応元年(一八六五)十月。その翌年には幕府による第二次長州征伐が始まったが、長州との同盟の密約があった薩摩はこれに不参加。戦いは幕府の劣勢が続き、大坂城にいた将軍家茂が病没。一橋慶喜が将軍職を継いだが、長州征伐は失敗に終わり、幕府の権威は地に落ちた。

そのような中、隠居させられた忠恕の跡を継いだ宇都宮最後の城主戸田忠友は、慶応三年七月二十五日に奏者番兼寺社奉行となる。忠友がこの職に就いて二カ月

戸田忠友像
大正天皇即位の大礼の時(大正四年)
(戸田忠和家文書/栃木県立文書館蔵)

余りしか経たない十月三日、土佐の山内豊信《とよしげ》★（容堂）が幕府に大政奉還の建白をし、同月、慶喜は大政を奉還する。慶喜はこれによって討幕の矛先をかわそうとしたが、討幕の密勅を得た薩長は兵を京に進めた。そして十二月九日、王政復古のクーデターを断行し、幕府を廃した。権力基盤を失った慶喜は京の二条城から大坂城に移る。そんな時に西郷隆盛が仕掛けたのが、江戸府内取り締まりの役に就いていた庄内藩の藩邸襲撃である。薩摩の仕業と突き止めた庄内藩は三田の薩摩藩邸を焼き討ちした。西郷はこれをきっかけに徳川を攻撃しようと目論んだのである。

江戸での薩摩の挑発に激した慶喜は、薩摩を糾弾するため、京に向かおうとし、会津と桑名などの兵がまず京に出た。そして、慶応四年の年が明けてすぐに、待ち受けていた薩長軍と激突した。鳥羽・伏見の戦いである。数では大幅に勝っていた旧幕軍だったが、敗退し、慶喜は大坂を脱出。新政府軍となった討幕軍は東へ向け、北陸道、東山道、東海道の三道に兵を進めた。

追い詰められた慶喜は二月十九日、恭順の意を表して江戸城を出て、徳川将軍家の菩提所である寛永寺に移った。同日、その三日前に奏者番兼寺社奉行を退任していた忠友は、慶喜への寛典を願い出るため、七〇人ほどの家臣を連れ、京に向かって江戸藩邸を出立した。

この頃、大橋訥庵らとともに捕縛され、のちに放免されていた岡田真吾は、二

▼山内豊信
土佐藩主。家臣の後藤象二郎の建策を受け、徳川慶喜に大政奉還を建白。一八二七〜一八七二。

山内豊信

月一日に設置された、大和の守備を任とする大和鎮撫総督府の参謀となることを命じられ、現地に赴任している。

江戸を発った忠友は、京に急いだが、三月十五日、大津に着いたところ、京に入ることを許されず、朝廷からその場で謹慎を命じられてしまう。朝敵となっている慶喜への寛典の頼みなどもはや聞く必要はなかった。忠友は状況の認識が甘かったのではないだろうか。その結果、忠友は宇都宮が危急の時、家臣の柱になることができなかったのである。

打ちこわし

世情騒然とする慶応四年三月末、宇都宮領内で打ちこわしが発生した。この頃、侍たちも大変だったが、領民たちも大変だった。

二月に慶喜が江戸城を出てから、会津の松平容保《かたもり》★をはじめ、東北の大名は、領国へ続々と引き揚げていく。その通り道となっている奥州街道など街道沿いの各村では助郷役に駆り出され、この負担が重いものとなっていた上に、賃金の不払いなどもあった。さらに生活必需品の価格高騰も追い討ちとなり、農民の生活は苦しくなる一方で、これらの憤懣《ふんまん》が一気に爆発したのである。

安塚《やすづか》村で起きた一揆は燎原《りょうげん》の火のように各村に広がっていった。まず安塚

▼松平容保
会津藩主。京都守護職。戊辰戦争後、日光東照宮宮司。一八三五〜一八九三。

松平容保

村で酒屋の打ちこわしがあり、桑島村、石井村に波及し、さらに周辺に及んだ。筵旗《むしろばた》を立て、鎌、竹槍などをもって集まった農民は、四月一日には石井村の日野屋に押し入り、酒樽を壊して、鯨飲《げいいん》。同村の近江屋にも押し寄せ、酒をあおり、さらに領内の質屋や豪農を襲った。その数は二千数百人まで膨れ上がっていた。鎮圧に城内から数十人がかけつけたが、相手の数に圧倒された。

一揆はさらに広がり、戸田家家臣はその鎮圧に奔走するも、膨張は止められず、ついに数万ともいわれるまでになり、これが宇都宮大明神裏の八幡山に集結した。城の目と鼻の先である。農民たちは城下に繰り出そうとする。こうなっては、容赦してはいられない。城内から出た家臣たちは鉄砲を撃ちかけ、槍で応戦した。さらに大砲を八幡山に撃ち込み、これには農民たちも驚いて逃げ去った。

これで済んだかというと、そうではなかった。その後も、農民たちは周辺の宿場の本陣や問屋などを襲うなどし、城方ではその鎮圧に追われたのである。

この後のことだが、農民は再び苦しめられる。旧幕軍と新政府軍が通過するたびに、炊き出しを強要されたり、人足として駆り出されたりしたのである。

県勇記、板橋に走る

戸田家では重大な決断を迫られていた。旧幕軍につくか新政府軍につくかである。

県勇記は、この時の周辺の様子について「宇都宮の近隣は諸国ともに騒擾している」と書いている。例えば、すぐ近くの結城水野家では江戸にいた主君水野勝《かつ》知《とも》が旧幕軍につき、国表の重臣たちは新政府軍について、分裂。勝知は彰義隊の力を借りるなどして、勤王側の家臣が守る自らの城を攻めるという、前代未聞の混乱状態に陥っていた。

戸田家も、「東山道鎮撫総督が率いる官軍はすでに信州まできているという。わが藩も速やかに出向いていき、勤王の意を伝えるべきだ」という者がいれば、「いや、承久の変★の時の京の軍を思い起こせ。弱かったではないか。関八州の兵にかなうものではない。箱根、碓氷《うすい》の天険を越えることなどできない」、「いざとなれば会津が助けにきてくれる」という者もいる。このまま意見が統一されなければ、事に及んで右往左往し、滅びるだけだ。勇記は当然勤王である。減封・移封問題の際に受けた罪は慶応三年(一八六七)九月にゆるされていたが、相変わらず無禄・無職だった。

彼は、「もし今因循《いんじゅん》すれば、長年にわたって尊攘の大義を唱え、山陵修補を成し遂げて天下に知られた戸田家の名も一朝にして失われてしまう。速やかに総督府に出向き、勤王の本意を伝え、主家の安全を期すべし」と重臣を説き伏せた。そして重臣の意を受け、須田半平、横山領助を連れて、すでに板橋にいた東山道鎮撫総督府のもとに向かったのである。長年戸田家の要だった間瀬和三郎は戸田

▼承久の変
承久三年(一二二一)、朝廷が鎌倉幕府を倒そうとして敗れた争乱。

忠至となり京にあり、忠友は大津で軟禁状態にある。岡田真吾もいない。この時頼りとなるのは勇記しかいなかったのではないだろうか。無禄・無職の彼に任されたことをみても、それが窺える。それにしても、移封の危機の時は京に飛び、今度は江戸に走る。勇記は大変である。

二月十九日、勇記は総督府で応接方の沢野井徳右衛門、有馬藤太《ありまとうた》★、伊地知正治《いじちまさはる》★などに面会し、会津やその他の旧幕軍が周辺を脅かしているという宇都宮の状況を説明し、「宇都宮は要害の地であり、旧幕派がここを襲って手中にして周辺を扇動すれば、かりに尊王の意がある大小名も二心を抱いてしまい、総督府による鎮撫が一〇〇倍の艱難《かんなん》になる。戸田家の力だけでこれを撥ね除けられればよいが、その兵は一〇〇〇人ほどで、しかも、疲弊している。にもかかわらず守るべきところは多く、会津などが大軍で攻めてきたら、城内の兵はみな快く討ち死にはするが、いずれにしても、周辺で勤王から離れるところも出てきてしまう」と論じて、援軍を求めた。これに対して、総督府は、戻って周辺の諸大名を説得するようにと勇記に指示。さらに、江戸で隠居していた忠恕に、宇都宮に戻って主従力を合わせて、難局にあたれとの通達を出した。これらによって戸田家は完全に新政府軍側に立ったといえよう。

東山道鎮撫総督府は勇記の建言を受け、野州★鎮撫の軍を組織した。大監察香川敬三★（水戸）、小監察平川和太郎（土佐）を指揮官に、薩摩の有馬藤太、長州の

▼有馬藤太
薩摩藩士。戊辰戦争後東京府参事となるが、征韓論で敗れた西郷隆盛に従い、辞職。後に満州に渡る。一八三七～一九二四。

▼伊地知正治
薩摩藩士。戊辰戦争で、会津若松城開城に貢献。参議、宮中顧問官などを歴任。一八二八～一八八六。

▼野州
下野国のこと。

▼香川敬三
水戸出身。藤田東湖の門弟。明治に入り、皇后宮大夫などを務める。一八四一～一九一五。

祖式金八郎《そしききんぱちろう》、土佐の上田楠次《くすじ》らを参謀にして彦根、須坂★の兵と元旗本の岡田将監の兵を野州に向かわせた。その数は二〇〇から三〇〇だった。

有馬は、「宇都宮方面の状況が不明である上、幕兵がなお各所に出没しているから、その状況を偵察してくるよう。出発に際しては江州《ごうしゅう》彦根藩の兵隊を引率していけ」と命令を受けたという。その数からして、先遣隊のようなものだったのだろう。この部隊は途中で二手に分かれ、香川、有馬らは下総流山で新選組の近藤勇を捕まえ、祖式率いる須坂の兵は途中で加わった館林の兵とともに、勤王派を追い出した水野勝知が立てこもる結城城を攻めて、占領している。

四月六日、忠恕が宇都宮城に入り、翌日、香川、有馬らが率いる兵が到着した。新政府軍の応援にはもっぱら勇記があたった。

有馬がのちに当時のことを語ったもの★が残されている。日記など記録類はすべて焼失していて、記憶のみで語っているのでどこまで正確かは定かでないが、その中で、この時、半兵衛という商人に世話になったと、次のように話している。

「半兵衛は、宇都宮の古金屋《ふるがね》だが、商人ながら非常な勤王家で、県勇記の片腕であった。……とにかくこの人のおかげで官軍はどれほどの便益を得たかわからない」

半兵衛が勇記と昵懇だったことは確かなようで、かつて勇紀が山陵修補事業について国家老を説得して江戸へ向かった時、石橋宿まで見送りにきた面々の中に、

▼須坂
現・長野県須坂市。

▼有馬が語ったもの
『私の明治維新——有馬藤太聞き書き』

「道具屋半兵衛」の名前がある。さらに、宇都宮城下に来た天狗党が諸物を調達した商家の中にも「曲師町《まげしちょう》道具屋半兵衛」の名前がある。かつて尊攘の過激派を資金面で支えたのは菊池教中の佐野屋だったが、教中、大橋訥庵亡きあと、半兵衛は勇記ら勤王派を陰で支えたのかもしれない。

また、無禄・無職だった勇記を、忠恕を説得して復権させたのは自分だと有馬は豪語しているが、その真偽はともかくとして、四月八日に勇記は再び中老となり、その後の戸田家を支えていく。また、一度家老職を取り上げられていた勤王派の戸田三左衛門も家老に返り咲いている。

この時戸田家が備えていた米は七〇〇〇俵、武器は、大小砲が三五門、鉄砲が七五五挺、弾薬が約八万四〇〇〇発だったが、銃器はいずれも旧式だった。

宇都宮城に入った新政府軍は八日には日光へ向かった。老中を務めた板倉勝静《かつきよ》が日光にあり、恭順の意を表していたが、会津兵や旧幕兵が板倉を擁して宇都宮を窺う様子があり、これを討つためであった。二手に別れ、香川敬三率いる一隊が日光街道を進み、有馬藤太率いる一隊は田原村、今里村を経る道を進み、日光の手前の今市で合流することにしていた。

しかし、日光周辺に来ていた会津兵は姿を消し、板倉は新政府軍に投降。勇記が今市まで出向いて板倉を引き取り、宇都宮まで護送して戸田家の菩提寺、英厳寺に幽閉した。板倉の家臣五〇人は壬生に預けられた。

板倉勝静

④ 旧幕軍、宇都宮城を攻略

土方歳三、秋月登之助に率いられた旧幕軍が宇都宮城を攻撃する。戸田家家臣は新政府軍とともに必死に防戦するが、一日の激闘で敗退。城下は焼け野原となる。戸田忠恕は農民姿となり館林に逃れる。

土方軍、宇都宮城に迫る

さて、同じ頃の慶応四年（一八六八）四月十一日、下総の市川に新政府軍に屈するのを潔しとしない旧幕臣や桑名兵たちが集まっていた。その数二千余人。幕府の歩兵奉行だった大鳥圭介、新選組副長土方歳三の顔がある。大鳥は洋式訓練を受けた伝習隊を率いていた。

衆議の結果、主将を大鳥圭介とし、隊を前軍、中軍、後軍に分け、前軍の指揮官に会津藩の秋月登之助★を、参謀に土方を選び、大鳥は中・後軍を率いることになった。そして、まず日光まで行き、天下の形勢を見ようということになった。その手前に宇都宮城がある。土方や秋月は、宇都宮城を拠点に、日光まで出てきている会津と連携し、さらに周辺諸大名を糾合して新政府軍に抗しようとしたと考

土方歳三像
（国立国会図書館・電子展示会「近代人の肖像」より）

▼**秋月登之助**
会津藩士。一八六八年に主君松平容保が江戸から会津に戻った時、旧幕軍に加わる。一八四二〜一八八五。

えられるが、実際の計画はどうだったのか、定かではない。

ともあれ、十二日、日光を目標に秋月・土方の前軍と大鳥軍は別々に北進する。前軍は約九〇〇人。

宇都宮城にいる新政府軍は、小山方面に兵を進めてきた大鳥軍と一戦交えるが、破れて宇都宮城に戻ってくる。上田楠次はこの時戦死した。それが四月十七日のことで、翌日の十八日、土方たち前軍は宇都宮の東を流れる鬼怒川を渡り、蓼沼《たてぬま》村万福寺に陣取って宇都宮城攻撃の計画を練る。

宇都宮城は東西、南北ともに一キロほどの大きな城で、本丸、二の丸、三の丸にそれぞれ堀をめぐらせ、その外にも曲輪《くるわ》があった。石垣はほとんどなく、土塁で囲まれた城で、天守はない。備えとしては北西からの攻めに強く、南東からの攻めに弱いというものだった。東には田川という川が流れていて、天然の外堀の役目をしているが、ここを渡ってしまえば、東からの攻めは、北西から攻めるよりも、本丸までの距離は短く、比較的容易だったのだ。

秋月と土方は、このため、守りの弱い南東から攻めることにし、四月十九日早朝、「東照大権現」の幟《のぼり》を立て、宇都宮城下に向かうが、その前に、軍神への手向《た》けとして、寺の門前で三人の首をはねた。黒羽の大関家の家臣二人とその飛地である益子村の名主である。この三人は斥候《せっこう》として旧幕軍の動向を調べていて、運悪く、その活動中に捕まってしまったのだ。

宇都宮城には宇都宮、彦根などの兵に、援軍として烏山藩の兵が加わっていた。ただし、戸田家の兵は、打ちこわしの鎮圧に奔走していたため、かなり疲れた状態だった。それでも戸田家の兵は、秋月・土方の軍が出陣する前の十八日に、田川を越えたところにある簗瀬、平松両村に出て、敵に備えていた。藤田左京と安形半兵衛らが警戒怠りないよう巡回してまわる。

十九日、忠恕は馬に乗り、城の各所を守る兵を督励してまわった。そんなおり、旧幕軍が鬼怒川を渡り、城に迫っているとの報が入る。香川敬三は、平松村でこれを阻もうとさらに兵を出す。

のちに有馬藤太は、援軍が来るまで籠城するようにと香川に指示したと書いている。宇都宮城の攻撃が始まった時、有馬は捕らえた板倉の処分の指示を総督府にあおぐため城を離れていた。その時香川に「敵襲があっても決して城を出て戦っちゃいかん。籠城に限る。四、五日はもつ。城を出たら必ず敗軍ですよ」といったというのだが、にもかかわらず、香川は城の外で迎え撃とうとした。

さて、平松村にあって官軍の指揮をとっていたのは土佐の平川和太郎だった。そこに平松村の備えを見に県勇記が来る。平川は勇記の顔を見て、「今日味方の形勢を察するに何となく気勢揚がらず勝利の程覚束なし」といったと、勇記は日記に書いている。そして、小山での戦いで破れたので士気喪失しているせいもあるだろうと推測する。平川とそのような会話をしているところに、忠恕から城に戻るようにとの使いが来たので、勇記は城に戻った。

勇記が馬で城に戻っている頃、土方、秋月率いる旧幕軍は、新政府軍が迎える平松村方面に兵を進める。そして、いよいよ戦いが始まる。戦い当初の様子を、旧幕軍の一翼を担っていた桑名藩の石井勇次郎は『戊辰戦争見聞略記』に次のように書いた。

「十九日暁天、我藩先鋒に進み、村々あるいは藪中に兵を散らして敵を探して進み、敵が平松村にいるのを知って、直ちに進撃し二時間程砲戦、大いに利あり」

このように最初は銃砲の応酬だった。

この銃撃戦の最中、平松村の守りについていた烏山藩の兵はさっさと逃げてしまう。それにかまわず、藤田左京率いる戸田家の一隊は必死に応戦するが、銃撃戦が一頻《ひとしき》り続いた後、旧幕軍は新政府軍が迎え撃つ平松村に攻め込むと思いきや、南の大塚村に出て、新政府軍の退路を断つような形で兵を進めた。それを見た新政府軍は慌てて、田川の橋も落とさず、城に撤退してしまう。

下河原門の死闘

旧幕軍は簗瀬村に入り、火を放ちつつ（この火は強風にあおられ、城下も焼い

宇都宮城下復元模型
（栃木県立博物館蔵）

てしまう)、簗瀬橋などを渡り進軍。城外での抵抗はもうなく、旧幕軍はいよいよ城攻めに入る。宇都宮城には本丸の北西に大手門、北東に今小路門、中河原門、南東に下河原門、南に南館門などがあった。旧幕軍は、土方率いる一隊と秋月率いる一隊、それに旗本によって構成された回天隊に分かれ、土方隊が下河原門を、秋月隊が今小路門と中河原門を、回天隊が南館門を攻撃した。

下河原門は香川が指揮し、主に戸田家の兵が守っていた。殺到する土方隊に対して、戸田三左衛門父子、石原五郎左衛門らが、城門を開け、槍を手に打って出る。家臣たちがそれに続く。こうして、銃弾が飛び交う中、槍と刀による戦いが下河原門の前で展開される。桑名藩の石井は「敵も味方も刀を抜いて斬り合い、槍を提げて奔走して、まるで聞くところの古の戦のようだ。砲戦だけではない」と書いている。

この時の土方の逸話が残されている。敵の反攻が激しかったので、退こうとする歩兵がいた。それを見た土方が「進め」と命令。それでも逃げてくる者を一人切り捨てたという。

戸田家家臣佐藤銀之助は下河原門外の小さな流れの土手を盾に敵を窺っていた。柔術・天神真楊流の流祖で、神田・お玉が池で道場を開いていた磯又右衛門の高弟だった。そこへ大きな体軀の兵が向かってきたので、銀之助は槍で一突き。確かに敵の体に刺さったが、敵兵はそれに屈せず、銀之助の槍をたぐりよせ、刀を

四斤山砲レプリカ
(栃木県立博物館蔵)

銀之助の頭めがけて振り下ろす。銀之助は重傷を負いながら、槍を捨て、敵兵に組み付いた。お互い傷を負いながらの格闘である。それを見ていた戸田家の岡崎政太郎が銀之助を助けようと駆けつけ、敵兵を槍で突き刺した。屈強な相手もこれで息絶えた。銀之助は天狗党との戦いでも奮戦し、槍の傷を負っている。のちに西南の役★に警視隊の一人として従軍。熊本城での戦いで戦死する。

旧幕府軍の宇都宮城攻撃ルート

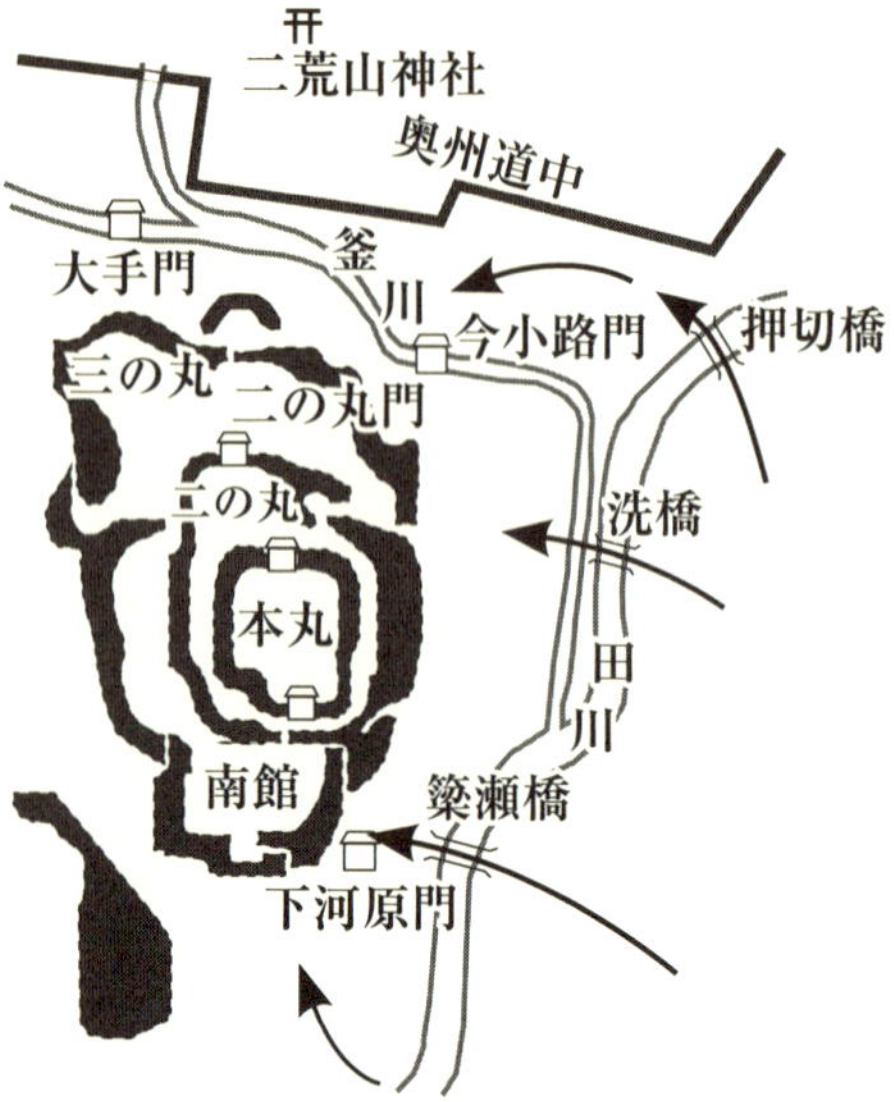

慶応4年4月19日
『宇都宮城のあゆみ』（宇都宮市教育委員会）をもとに作成

▼西南の役
西南戦争。一八七七年に鹿児島の士族が西郷隆盛を擁して起こした反乱。

このような激戦の中、旧幕軍の銃弾は二の丸にある戸田忠恕の居館にまで雨あられと降り注いでいた。香川は忠恕に万一のことがあってはならないと、戸田家の重臣を集め、「このままでは城を奪われるのが必定《ひつじょう》。その上、官軍の御旗《みはた》を奪われでもしたら恥辱なので、今のうちに旗を守って城を出るように」と指示した。ならばと、忠恕はわずかな家臣を伴って、敵の攻撃が手薄な北へ脱出した。

県勇記は残り、馬に乗り、各門を巡視。今小路門を経て、蓮池門に至ると大砲が二門あった。砲手を呼び、簗瀬橋のほうに向けて撃つように指示。さらに二の丸に入り、本丸を経て、下河原門に至り、城兵を督励。この途中、血まみれで顔の見分けもつかないほどになり、味方に支えられた佐藤銀之助に会い、彼を励ます。銀之助は勇記を逆に励ますほどの気概を見せた。

すでに日は西に傾いていた。敵が放った火は城下を焼き、城に迫る勢いだ。そして、守る新政府軍の数も減っていた。「これではいくつもある城門だけを守るのも困難だ。援軍が来るのを待って奪還すればいい」と、勇記は、一時城を捨てる決意をする。

敗走

城を守りきれないと思った県勇記は、香川敬三のところに行き、一時城を捨て

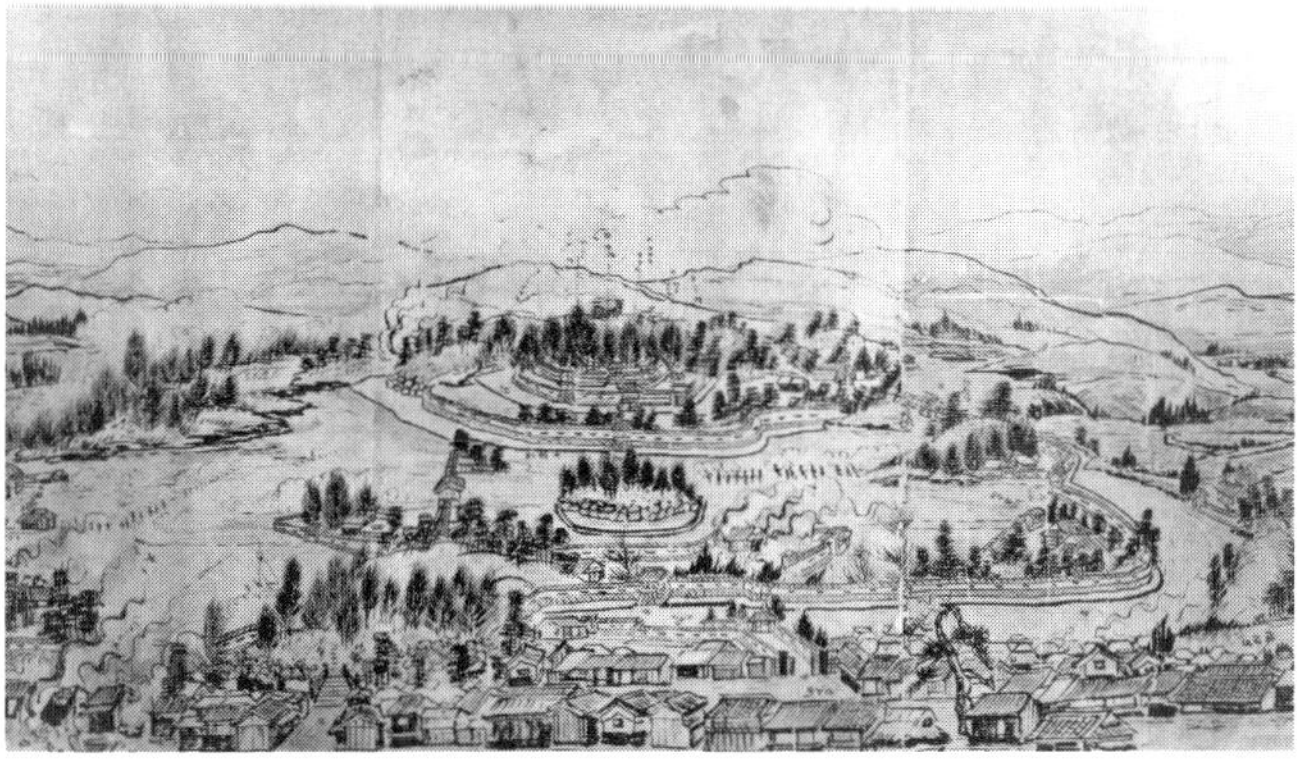

「戊辰戦争宇都宮攻防図」旧幕軍が城を陥落させた様子と新政府軍が奪還した様子が併せて描かれている（曹洞宗光明寺蔵のレプリカ・栃木県立博物館蔵）

るべしと進言する。

「官軍は連日の苦戦で疲労している。特に宇都宮兵は近隣の一揆の鎮圧で休んでいない。しかも、官軍の援軍はいつ来るかわからない。その上、賊軍は今戦っている相手のほかに、鹿沼から宇都宮に迫っているとの知らせもあるし、日光方面から会津兵が迫っているともいう。今宵一晩は守れたとしても、明日は必ず敗れる。ここで一時退くのは卑怯なようだが、応援の兵と力を合わせて死力を尽くせば奪還できる」

勇記はこう香川に話す。

鹿沼は宇都宮西方に位置し、そこから迫っている賊軍とは大鳥軍だ。旧幕軍のもう一隊を率いた大鳥は、鹿沼に向かっている途中、東のほうが燃えているのに気づいた。大鳥はのちに『南柯紀行』で「怪しみ士民に問えば正しく宇都宮の方角なりと云」と書いている。

香川は勇記に同意。残っていた兵を二の丸に集め、「朝から皆々の抜群の尽力があったが、負けるのを知って戦うのは良策ではない」と撤退の旨を伝えた。

反対の者もいた。下河原門で戦っていた戸田家の数人が、勇記のもとにかけより、「今日の一戦だけで城を捨てるのは不本意。一夜城に留まり、明日の一戦に賭け、それから進退を決めても遅くはない」と訴える。

勇記は、「それは血気の勇、無謀の策」と思ったが、口には出さず、「みなのいうことは一理あるが、衆議で決まった上に軍監（香川）の命令でもあるから、再挙を待って武功をたてるように」と説得した。

勇記は全軍が撤退するのを馬上で見届けてから、自らも城を後にする。

ちなみに、その後、宇都宮では「戸田の蛇の目と蛇の目が違う火出（飛驒）の蛇の目は逃げはせぬ」という歌が流行した。蛇の目とは戸田家の紋所。岐阜大垣藩の戸田家も同じで、大垣の戸田家は新政府軍としてあちこちで奮戦したのに、宇都宮の戸田家はわずか一日で城を奪われてしまったことを揶揄《やゆ》したものである。しかし、香川ら新政府軍は城で討ち死にするつもりなどなく、戸田家の兵だけでは全員討ち死にしても一晩ももたなかったろう。勇記らに対しては少し酷な歌である。

さて、抵抗がなくなったので、秋月や土方に率いられた旧幕軍は、一気に宇都宮城に入るが、すでに城内には敵は一人もいなかったという。

もっとも、城外では追いつ追われつの戦いがあったという記録がある。官軍の一員として城を守っていた彦根藩からのちに報告されたものによると（「太政官日誌」）、城兵は「防御の術を尽くし、弾薬もあるだけ撃ち放ったが、敵の勢いはますます増し、その上、栃木の賊が鹿沼宿から横合いに進み、会津の賊も大沢よりこちらに向かっているという。城内の兵は少なくなり、持ちこたえる策もうない。やむを得ず南門から脱出したが、賊兵が追い討ちをかけ、戦いながら退き、古河まで逃げた」とのことである。

　また、鬼怒川を船で逃げようとした兵もいたようで、船に乗り込んだところ、旧幕軍に堤の藪から銃撃され、特に彦根の兵士で傷を負う者が多かったともいう。

　五人の供を連れ、先に城を出た忠恕は旧幕軍に見つからずに城下を出ることができ、上州館林に向かった。新政府軍の一員となっていた館林の秋元家は、戸田家と深い関係にあった★ので、そこに行けば安全なのである。といっても、たどり着くまでが大変だった。どこに旧幕軍がいるかわからない。五人の供では見つかったら戦いようがない。忠恕主従は農民姿になり、石窟などで夜露をしのいだりして館林に向かった。先に着いたのは勇記たちで、攻防戦の翌日の夜に館林に入ったのだが、忠恕らはまだ来ていなかった。そこで、高橋寛之丞らを捜索に出す。

　一方、勇記は四月二十二日、宇都宮の状況を説明するために、板橋にある総督府に向かった。忠恕らが館林に着いたのはこの二十二日のことである。忠恕が館林城下の小さな旅館に着いたという知らせがあり、藤田左京は、鳥居小八郎とともに迎えにいった。そして、忠恕の変わり果てた姿に愕然とした。左京らは、急ぎ秋元家に依頼し、着替えや刀などを借りた。

　戸田家の家臣の妻子は、戦いが始まる前に近在に隠れさせたので難を逃れた。

　ちなみに、当時すでに江戸、横浜などで新聞が発行されていて、宇都宮城の戦いも報告されている。閏四月三日付の『内外新報★』では四月十九日に宇都宮で大

▼深い関係にあった
戸田忠昌の時、秋元家から妻を娶った。この際、男子がいない時は、一方の長男を養子にするとの約束をし、実際、忠昌の長男が秋元家の養子となり、家督を継いでいる。同様のことはこの後にもあり、互いの家臣も親交を深めていた。

▼『内外新報』
慶応四年（一八六八）に江戸で発行された新聞。

合戦があり、市中「八分通り焼はらふ」と戦いの後の城下の状態を報告し、閏四月二十一日付の『横浜新報もしほ草』★では、十九日に宇都宮の官軍が敗走し、「城主戸田某も討死したりともいひ、又関東方へ降参したりともいへり」と報告。忠恕の消息はわかっていなかったようだ。

その忠恕は、この年の五月に二十二歳の若さで死ぬ。この時の逃避行が体に応えたようだ。天狗党事件に絡んでの藩の危機、隠居の命、さらに宇都宮城での戦いと敗走など、若い殿様にとって過酷な日々が続き、それが寿命を縮めたのかもしれない。また、この時の戦いで、戸田家では石原五郎左衛門ら一〇人が戦死。多数の負傷者を出した。

ここで、この戦いの最中の領民の様子についても触れておこう。

旧幕軍が宇都宮に入ってくると、領民は貴重品を持ったり土中に埋めたりして避難したが、旧幕軍に火を放たれ、町は炎に包まれてしまう。そのような中、多くの人が宇都宮城を見下ろす位置にある宇都宮大明神に逃れた。その数は数百人ともいわれる。当初は、そこから戦いを見物していた人たちもいたが、戦闘が激しくなり、神社の境内にも弾が飛んでくるほどになった。その弾が門前の茶店で商売をしていた老女にあたり、血まみれで境内に逃げ込んできた。それを見た人々はびっくり。大慌てで境内を出て、さらに遠くへ逃げていったという。

さて、新政府軍が逃げた後の宇都宮城はどのような状況だったのか。

▼『横浜新報もしほ草』米国人ヴァン・リードと岸田吟香によって慶応四年（一八六八）から横浜居留地で発行された新聞。

二荒山神社から宇都宮城方面を望む

旧幕軍、宇都宮城を攻略

土方らが宇都宮城に入った時、城内は火の中にあった。県勇記らが火を放って退去したからだ。夜になっても燃え続け、旧幕軍の兵士たちは城内で寝られる状態ではなかった。そこで、土方たちは蓼沼村に戻り、負傷者の手当てなどをして一晩過ごし、翌日また城へ戻ることになる。この間、旧幕軍に人足として駆り出された家人が戻ってこないので、鎮守に千度参りをした村人がいたという話もある。

ともあれ、十九日の夜の宇都宮城は、新政府軍も旧幕軍もいない状態だった。翌日、城に先に入ったのは大鳥軍である。大鳥は宇都宮方面が燃えているのを見たものの、どのような状況なのか正確に把握はできなかった。そこで、とりあえず鹿沼で一泊し、翌朝、宇都宮に向かうことにした。宇都宮近くまで軍を進めた大鳥は斥候を出した。その報告によれば、「市中大半焼失して市人も少なく只焼残りし人家には少しずつ人住まい居れり、且城内には敵も味方も居ることなし」（『南柯紀行』）という状況だった。敵がいないと判断した大鳥は、軍を宇都宮に入れた。

前軍と大鳥軍のこの時の一連の行動から、宇都宮城を攻めるに際して、両軍が連携した様子が見られないのはなぜだろうか。宇都宮城をとることが全軍の総意だったとしたら、協力して城攻めをしたはずだが、それはなかったのである。

⑤

宇都宮城の奪還

新政府軍は安塚の戦いで旧幕軍を撃破。続いて宇都宮城を奪い還すべく、城に迫る。大鳥圭介指揮下の旧幕軍も激しく応戦するが、守りきれず敗走する。この戦いで土方歳三は足に傷を負い、前線から離脱した。

大鳥圭介、宇都宮城に入る

慶応四年（一八六八）四月二十日、主のいなくなった宇都宮城に大鳥圭介率いる旧幕軍が入った。城内はいたるところ余燼《よじん》がくすぶり、塀などはまだ燃えている状態だった。大鳥は兵に命じ、まず消火に努める。

城内の焼け残った屋敷は荒らされていた。城内は空っぽということを知った町民が金目のものを狙って入り込んで、物色したようである。重臣の家らしきところに入ると、町人風の女が絹布《けんぷ》の夜具を背負って逃げようとしていたので、捕まえて詰問した。大鳥はその女から夜具を奪い取り、城外に放り出した。

城内を巡見した大鳥が見たのは、死体が十数体、壊され、堀に投げ込まれた大砲、焼けた屋敷などである。わずかの屋敷と米蔵、火薬庫などが焼け残っていた。

大鳥は、その屋敷を本陣とした。桑名藩の石井勇次郎によれば、米蔵には二万俵余りあったとのこと。旧幕軍兵士、田中恵親の『慶応兵謀秘録』では「白米三千俵余」となっている。大鳥はこの一部を焼け出された町民に分け与えた。
　また、城内に捕らえられていた農民がいて、これを解き放ったという。打ちこわしの鎮圧で捕まえた農民だったのだろうか。

この時特に大鳥が配慮したのは、隊内の規律である。旧幕軍といっても武士だけではなかった。大鳥率いる伝習隊の兵隊は傭兵だった。幕府が洋式軍隊をつくる時に、庶民の子弟や無頼の徒を集め、給金を支払って兵隊に仕立て上げたのである。だから、装備は新式で訓練も受けていて戦闘能力は高かったのだが、この「歩兵隊を管理するのは給料のきちんとした支払いと厳しい軍律」（野口武彦『幕府歩兵隊』）しかなかった。

大鳥はこのことを指揮官として理解していて、士官をたえず巡邏《じゅんら》させた。しかし、兵は規律を守らず町民を悩ませたという。中には、戸田家の重宝の刀などを掘り出したり、金を拾い集め、懐に入れたりした者もあり、大鳥は見せしめもあって、三人を斬首。それで乱暴狼藉は収まった。

そうこうするうちに、宇都宮城の新政府軍らを追い出した秋月、土方の軍も城に入った。そして、酒宴となる。石井勇次郎は、「奥蔵を開いて、紅衣を着たり、紫衣を着たり、白衣を着たりし、相戯れる……愉快の極み」と記している。勝利

大鳥圭介
（国立国会図書館・電子展示会「近代人の肖像」より）

に酔っていた様子が窺える。大鳥、土方ら旧幕軍は、このあと、会津、箱館と転戦するが、勝利の美酒はこれが最後だったのではないだろうか。

安塚の戦い

さて、宇都宮城を奪われた新政府軍の動きはどうなのか。

東山道鎮撫総督府は、十八日に因幡の河田佐久馬《かわださくま》★（参謀）を指揮官とし、因幡、土佐などの兵、約五百を宇都宮に救援隊として向かわせた。時をおいて、薩摩の伊地知正治（参謀）が率いる薩摩、長州、大垣の兵が、さらに第三次として薩摩、大垣の兵が宇都宮に向かった。第三次の隊には、野津七次★、大山弥助★の顔があった。

河田の隊は、十九日の宇都宮城攻防戦には間に合わず、壬生城に入る。下野南部の壬生は鳥居家が領していて、大鳥軍は江戸から北上の途次、ここを通ろうとする。その際、鳥居家の者が、新政府軍がすでに入っているから、城下を通行しないでくれというので、新政府軍と小山で一戦交え兵も疲れていたので、大鳥はそれに従った。そこに今河田率いる新政府軍が入ったのだ。それを知った大鳥は壬生方面からの攻撃に備える。

鳥居家ではどちらにつくかまだ決めかねていたようだが、河田らが入城したこ

▼因幡の河田佐久馬
河田景与。鳥取藩士。維新後、鳥取県令となる。一八二八～一八九七。

▼野津七次
野津道貫。薩摩藩士。陸軍大将・元帥。日露戦争時の第四軍司令官。一八四一～一九〇八。

▼大山弥助
大山巌。薩摩藩士。陸軍大将・元帥。日露戦争時の満州軍総司令官。後に内大臣。一八四二～一九一六。

とで、新政府軍につく形になった。宇都宮から東山道鎮撫総督府に戻り、再び出陣していた有馬藤太は、壬生城入城時のことを、「(壬生城の）城門は固く閉ざされ、なかなか開けない。ただちに弾込めをして砲撃の準備をさせ、今にも打ち出さんという気勢を示すと、家老などがあわてて表門を開いた（その時には会津その他の残兵が城中にいて、それを逃がしたりしているようだった）」と語っている。

　このような中、鳥居家の旧幕軍派の一人がひそかに宇都宮城にやってきて、壬生の新政府軍は手薄だから、攻撃するようにと大鳥に進言した。これを受け、旧幕軍は軍議を開き、壬生城攻撃を決定。この間、会津から砲兵隊が加わった。

　二十一日、旧幕軍は兵を二手に分けて壬生方面に繰り出した。主力は壬生本道を進み、幕田《まくた》★に陣を敷き、もう一隊は間道を進んだ。ちなみに、この時大鳥は「不快にて出陣せざりし」と、自ら書いている。ということは、秋月や土方が指揮をとったと考えられるが、詳細はわからない。

　一方、壬生城にいた新政府軍も、旧幕軍を迎え撃つべく、城を出て、安塚《やすづか》★に陣取る。幕田の旧幕軍と安塚の新政府軍は、姿川を挟んで対峙。そして、新政府軍が仕掛けるという形で二十一日深夜から戦いが始まった。風雨の中での戦闘だった。二十二日の明け方には、前線の新政府軍に壬生城から援軍が駆けつけるが、こう着状態が続き、さらに、それまで壬生城にいた河田佐久馬も残りの兵を引き

安塚・幕田付近見取図

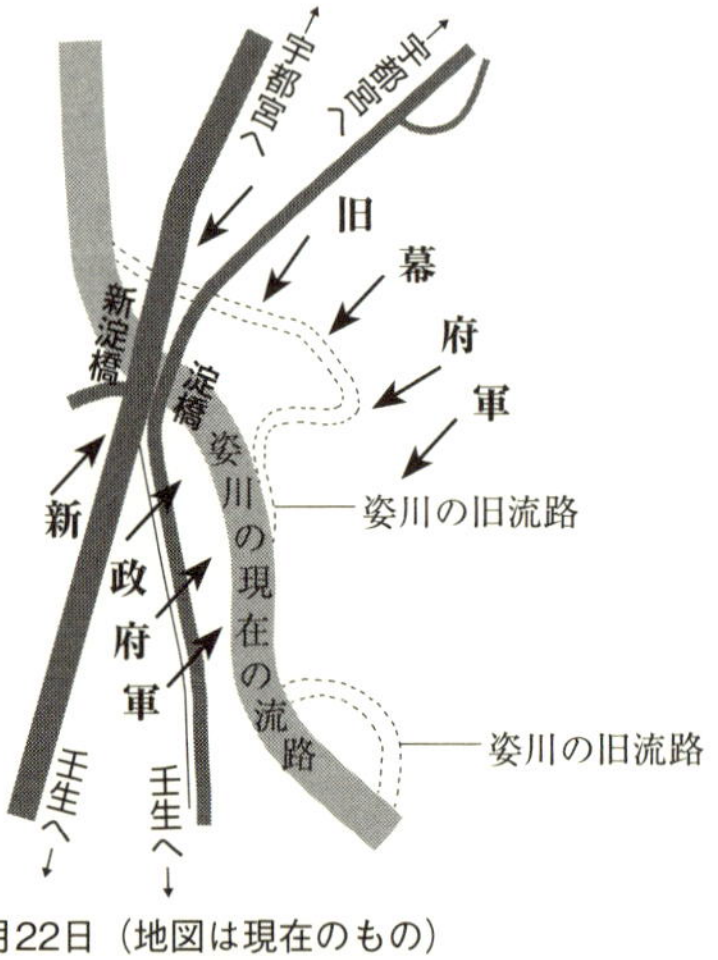

慶応4年4月22日（地図は現在のもの）
『宇都宮城のあゆみ』（宇都宮市教育委員会）をもとに作成

▼幕田、安塚
ともに現在の栃木県下都賀郡壬生町。宇都宮市の南。

連れ、城から安塚に出る。河田は、敵の勢いに押されて退こうとする兵に対して抜刀して、「退く者は本藩の者に限らず他藩といえども斬って落とす」と、声を上げ、敵に向かわせたという。宇都宮城を攻めた時の土方歳三と同じだ。

この河田の奮戦が功を奏したのか、新政府軍が優勢となり、旧幕軍は撤退を始める。大鳥の『南柯紀行』には「雨天にて寒気強く兵隊大に疲労し、士官兵士共打死も多分に出来たれば」、全軍を引き揚げさせたとある。旧幕軍は民家に火を放って撤退した。これとは別に間道を進んだ旧幕軍は、有馬藤太が守る壬生城下に入った。そして、火を放ち、城を攻めるが、大雨で火は燃え広がらず、新政府軍も必死に防戦。結局、壬生城攻略を断念する。

こうして大鳥の壬生城攻略は頓挫。大鳥は「蓋し本日の戦争八分の敗軍なり」と記している。旧幕軍の死傷者は六十余人、そのうち士官は八、九人だった。

ところで、この時の戦いには、大正まで生きた新選組隊士永倉新八★も参戦していた。永倉は近藤勇の試衛館の食客《しょっかく》として、新選組結成以前から近藤と行動をともにしていたが、勝沼の戦い★で負けた後、近藤と袂を分かつ。そして靖共隊を結成し、大鳥圭介の軍と合流。安塚での戦いに参戦。雨で弾薬が濡れたため抜刀隊を組織して斬り込み、負傷している。『七ケ所手負場所顕ス』★によれば、彼は、二の腕に傷を受けたが、薄手で、手拭いで結んで指揮をしたという。

▼**永倉新八**
松前藩士の子として江戸に生まれ、近藤勇の試衛館の食客となり、新選組結成に参加。明治四年に松前藩の医師杉村家の婿養子となり、杉村義衛となる。一八三九～一九一五。

▼**勝沼の戦い**
近藤勇率いる甲陽鎮撫隊が新政府軍と甲州勝沼で戦うが、敗走する。

▼**『七ケ所手負場所顕ス』**
永倉新八が七十三歳の時書いたもの。

新政府軍の猛攻、土方歳三の負傷

雨中での安塚での戦いの後、休む間もなく、翌二十三日には、新政府軍による宇都宮城奪還のための攻撃が行われた。

安塚で旧幕軍を撃退した新政府軍は、深追いせず、壬生城に引き揚げるが、そこに安塚での戦闘を知って急ぎ駆けつけた野津や大山の隊が到着していた（伊地知正治率いる新政府軍は岩井★にいた旧幕軍を攻撃し、二十二日には結城にいた）。野津や大山らは河田佐久馬らの隊と共同で二十三日から宇都宮城を攻めることを主張するが、安塚の戦いで疲れきっていた河田らの隊には無理な状況だった。

それなら自分たちだけでと、第三次の救援隊のみでの宇都宮城攻撃を決める。兵力はわずか二〇〇人ほど。壬生城を守った有馬藤太もいる。結城にいる伊地知の軍も合流するとの目算もあったが、それでも苦戦は避けられない。

こうして、二十三日早朝、宇都宮城下での戦いが始まる。

この時宇都宮城内では大鳥、土方、秋月らが軍議を開いていた。壬生城に拠った敵が攻撃してくることは間違いないので、それを防ぐ方策を検討していた。その時、銃声が城内まで響いてきた。要所に配していた兵が、大鳥らの予想より早く攻撃を仕掛けてきた新政府軍に応戦したのである。

▼岩井
現・栃木県足利市岩井町。

戦いは六道の辻で始まった。旧幕軍は激しく抵抗し、この時の戦いで野津と有馬が負傷する。有馬の記憶に従えば、彼は右乳の上部と右の耳たぶに貫通銃創を受けた。戸板に載せられ、壬生城に護送される途中、刀を杖にした野津が円陣をつくっている。有馬を見た野津は自分もやられたと右足の傷を見せ、弾薬が尽きたので、河田に送るように伝えてくれと有馬に頼んだ。すると少しも行かぬうちに河田がやってきた。有馬に弾薬のことを聞くと、すぐに野津のところへ運んだ。野津もその後、壬生へ護送されたという。

劣勢だった新政府軍に河田らの兵が加わって勢いがつき、六道の辻で新政府軍と旧幕軍との激戦が展開された。戦いは新政府軍が押し気味に展開し、ついに旧幕軍の六道の辻の守りを突破。城の西側にある松が峰門から三の丸に迫る。この時、結城から駆けつけた伊地知率いる援軍が参戦。南東の下河原門から入り、本丸に迫っていく。旧幕軍は城の東西からの攻撃にさらされたのだ。

大鳥は、城の北にある宇都宮大明神に桑名兵などを配していた。城内からの援軍の要請を受けて、桑名兵の一部が城に戻ったが、新政府軍は城壁に登り、そこから城内に銃を放ち、防ぐ旧幕軍は城内の竹林に散らばり応戦していた。桑名兵もそれに参加。前後に旧幕軍の死体が横たわり、新政府軍の弾は竹を打ち砕き、その勢いはどんどん増していった。城内は危機に瀕し、大明神に引く者もあり、旧幕軍は大明神とその裏手の八幡山に陣取り、防戦した。新政府軍は八幡山の南

六道の辻

西に位置する伝馬町などに大砲をもっていき、ここから八幡山に砲弾を浴びせた。それでも旧幕軍は粘った。八幡山での攻防戦が進捗《しんちょく》しないのに業《ごう》を煮やした河田佐久馬は、刀を抜き、弾丸が飛び来る中、八幡山目指して斬り込んでいった。他の兵もこれに続く。この勢いに押された旧幕軍はついに八幡山を下り、日光を目指して敗走していった。大鳥も城を出る。これに対して、新政府軍は砲撃したのみで、兵による追撃はなく、大鳥たちは容易に逃げることができた。

この日、土方歳三がどこでどのように戦ったかはわからない。ただ、この時足を負傷した。大鳥によれば足の指だという。また、秋月登之助も松が峰門付近で負傷。ともに攻防戦の半ばで城を出て、今市を経て会津に運ばれた。今市で土方は、同行していた新選組の中島登に、日光勤番を務めていた八王子千人同心★の土方勇太郎を呼びにいかせた。勇太郎は歳三と同郷で、ともに天然理心流を学んだ仲である。歳三は彼に宇都宮城を攻めた時、退却しようとした味方の兵を斬り捨てたことを話し、その兵のために墓を立ててくれと金を渡したという。

早朝から夜まで続いた新政府軍による宇都宮城奪還戦は終わった。

宇都宮城を追われた大鳥軍は日光へ向かうが、この時脱走兵もいたようで、人家に押し入り、金品を強要したりしたが、これに対して村人たちが鉄砲で撃ち殺すということもあった。

八幡山

▼八王子千人同心
幕府が武田氏の遺臣や浪人を八王子周辺に集めて住まわせたのが始まりで、身分は武士だが、平時は農業に従事。また、交替で日光東照宮の火の番（日光勤番）を務めた。

宇都宮城址公園に再建された宇都宮城の一部

戊辰薩（摩）藩戦死者墓（報恩寺）

⑥ 宇都宮兵の戦い

奪還した城に入った戸田家家臣たちは、体を休めることはなかった。日光や会津での旧幕軍との戦いに参戦していったのだ。そんな中、戸田忠友に隠居せよとの命が下され、その撤回に県、岡田らが走る。

忠友隠居の沙汰

戸田家の家臣たちは残念ながら、自らの城の奪還戦には加わることができなかった。館林に逃れていた宇都宮の兵は家老の戸田三左衛門に率いられ、古河を経て宇都宮に向かったが、古河に着いた頃、宇都宮城奪還の知らせが入った。そして、慶応四年（一八六八）四月二十四日、三左衛門は新政府軍から城を受け取るが、城内は悲惨な有り様だった。死体はまだあちこちに転がっていて死臭が漂う。首もある。また、随所に戦死者を仮埋葬した跡があり、小石が載せられている。重臣や家臣の家は焼け落ち、宇都宮大明神も市中も同様に焼けていた。二十六日には忠恕が帰城。城および城下の様子を見て、暗澹《あんたん》たる思いだったのではないか。昼夜兼行で大和から宇都宮に戻った岡田真吾も同じ気持ちだったろう。新政府

六つ星・戸田家の家紋

に招かれ、大和鎮撫総督府の参謀を務めていたが、宇都宮城が落城し、忠恕の安否もわからないと聞き、いてもたってもいられず、宇都宮に駆けつけ、忠恕と同じ光景を見たのだ。さらに、閏四月をはさんで五月には忠友が帰国を許され、戻ってきた。それからしばらくして忠恕が死去。臨終のおり「勇記はまだか」といったといわれているが、県勇記はそれだけ頼りにされていた。

ところで、勇記は六石《りくせき》と号している。戸田家の家紋は六つ星、蛇の目などで、六の名が付く名前は藩主の許可が必要で、しかも重臣級でないと使えなかったという。勇記はそれを使ったわけで、戸田家の中でも認められた存在だったのである。

その勇記は、この間金策に走っている。とにかく忙しい。戸田家の財政は長年の窮乏状態の上、戦乱による出費も重なり、二進《にっち》も三進《さっち》もいかなくなっていた。総督府に頼るしかない。

勇記は総督府に出向き、香川敬三に窮乏を訴えたのを皮切りに、何度も総督府に足を運び、大原重徳、大村益次郎、河田佐久馬、西郷吉之助（隆盛）などにも会い、救済金や鉄砲などを提供してもらっている。また、兵火をこうむった村の租税免除を頼んだりもしている。岡田も同様に金策に努めたようだ。

このようにしてなんとかしのいでいた六月、忠友が慶喜への寛典のために京に向かったことを咎められ、隠居して、係累の松本★の戸田光則の子どもを養子に迎

戸田忠恕の墓（英巌寺跡）

戸田忠恕の碑
宇都宮城址公園にある。明治三十一年に元家臣らが建てたもの

▼松本
信濃国松本藩。現・長野県松本市。

えるよう申し付けられた。

　とんでもないと、戸田家重臣たちは思った。「会津を中心とした旧幕軍との戦いはまだ続いていて、宇都宮の兵も出張している。その上、金のやりくりもままならず、家中混乱の今、幼少の養子を迎えることなどできるものか。難局を乗り切る柱となる人物が来るのならまだしも、手間がかかる子どもに来られてはたまったものではない。忠友公は確かに慶喜への寛典を願おうとしたことで朝廷が下したことに異を唱えた。しかし、戸田家は従来から尊王の家としてあり、この度の戊辰の役でも新政府軍の一員として粉骨砕身、働いているではないか。忠友公も今、宇都宮にあり、大きな支えとなっている。なぜそれでいけないのか」。重臣たちはこのように思ったのではないだろうか。

　これに対してまた働いたのは県勇記だ。家中では朝勅には従わなければまずいのではとの意見もあったが、彼は戸田三左衛門、岡田真吾らと江戸に出向き、総《そう》野《や》鎮撫職★に嘆願書を出し、さらに朝廷にも嘆願書を出すべく、岡田が京に上った。これらの働きが実ったのは十一月になってのことである。

　それにしても、善福寺のアメリカ公使館の警固を幕府から命じられて断わり、奥州棚倉への移封も不服として撤回させ、この度の養子問題もなかったことにしてしまった。どうも戸田家では上の命令に唯々諾々《いいだくだく》と従うことはなく、受け入れられない事柄には精一杯力を尽くす気風があったようだ。

▼総野鎮撫職
下総と野州の鎮撫の責任者。

もちろん、それをなす戸田忠至や県勇記、岡田真吾のような人物がこの時期にいたからということもあるだろう。

戸田三男と山本帯刀

大鳥の旧幕軍は宇都宮から出ていったが、戸田家の家臣たちの戦いはまだ終わっていなかった。宇都宮の兵は新政府軍の一員として、その後の旧幕軍との戦いで会津まで転戦しているのである。

大鳥は二十五日に今市に到着し、翌日日光に入る。これを土佐の兵を率いた板垣退助★が追い、今市に進む。日光山で両者が激突すれば、東照宮をはじめとする寺社が焼けてしまう。板垣は、それは避けたいと思った。一方の大鳥軍は弾薬も食糧も乏しく、ここで持久戦になったら勝ち目はないと大鳥は判断。宇都宮城落城の際に、英巌寺に幽閉されていた板倉勝静は解放されて日光の寺にいたが、板倉からも「廟前に血を注ぐことになる」と、日光での戦闘を避けるよう依頼があった。こうして大鳥率いる旧幕軍は日光を去る。

日光を退いた大鳥軍は会津兵と合流。態勢を整え、日光・今市を奪還すべく南下してきた。各地で戦闘が繰り広げられ、閏四月二十一日には旧幕軍と板垣軍が今市で激突。板垣軍は苦戦したが、宇都宮から戸田家の兵が、日光から彦根兵が

▼板垣退助
土佐藩士。新政府で参議となるが、征韓論に敗れ下野。自由民権運動の指導者となり、自由党を創設。大隈内閣で内相。一八三七〜一九一九。

駆けつけるなどし、旧幕軍は撤退していく。

しかし、旧幕軍はあきらめない。藤原・大原に本陣を置いて相手を窺った。今市を基点とすると、左が日光、右が藤原でここは会津とつながる位置にある。日光、今市の守りは土佐兵に代わって佐賀兵が担当していた。六月二十五日、佐賀兵は宇都宮兵を誘い、連合して旧幕軍の本陣へ攻撃を仕掛ける。

佐賀・宇都宮兵は高徳に進軍し、大原に向かおうと斥候を出したところ、旧幕軍が発砲。こちらも兵を繰り出し銃撃戦となり、大砲も加えて攻撃したところ、旧幕軍は退いていった。宇都宮兵らは勢いに乗り、藤原まで追撃したが、暴風雨となり、日も暮れたので引き揚げた。そして翌日も再び攻撃に出たが、今度は撃退されてしまった。八月には会津兵が、宇都宮と佐賀の兵がいた船生《ふにゅう》村を攻撃。宇都宮兵側は奮戦して撃退したが、この戦いで三十余の民家が焼かれたという。

このように、一連の戦いでは農民も巻き込まれ、死傷した。様々な記録に「手負・大砲方人足栄吉」、「浅手・人夫一人」、「即死・西船生村百姓利平、同次郎左衛門」、「即死・人夫一人」といった記述が見られるが、記録に残されたのはわずかで、実際には多くの農民が徴用され、戦いに巻き込まれていったのである。

八月の下旬になると、戦いは会津を舞台に展開されるようになる。

会津での戦いで特筆すべきは、戸田三男《みつお》率いる宇都宮兵が飯寺《にいでら》で山本帯刀《やまもとたてわき》を捕らえたことである。九月のことだ。山本は長岡牧野家の家老で、河井継之助★とともに新政府軍と戦い、長岡城が落ちると、手勢を率いて会津に走っていた。

九月六日、山本が率いる長岡隊は、水戸家内で天狗党と対立した保守派の市川三左衛門の隊と連携して戦おうとしていたが、濃霧で敵味方の判別ができないような状態で宇都宮兵と遭遇してしまった。敵と気づいた時はすでに遅く、三面を囲まれていた。斬り合いとなったが、不意をつかれた劣勢はいかんともしがたく、山本たちは三男率いる宇都宮兵に降伏した。

戸田三男はその処分を新政府軍の軍監に委ねた。山本は、彼らの前で牧野家が兵を起こした理由などを堂々と述べたという。その人物を惜しんだ新政府軍は命を救おうと、恭順の意を表するよう勧めたが、山本は「主君から戦うよう命じられたが、降伏しろという命令は受けていない」と撥ね付け、斬首と決まった。

この時山本は、山本隊が軍用金として持っていた金を「貴藩に託すので何か有用なことに使ってほしい」と、自分を捕らえた戸田三男に渡し、処刑された。二十四歳だった。三男はのちにこの資金をもとに、宇都宮城攻防戦で激戦があった六道の辻に旧幕軍兵士の墓を建てた。大正になりこの山本家を継いだのが高野五十六、のちの山本五十六である。

九月十四日、新政府軍による若松城への攻撃が始まる。会津の抵抗は激しかったが二十二日、若松城開城となった。宇都宮兵もこれに参加。戦死三人だった。

十月七日、戸田家の家臣は宇都宮城に帰った。

▼河井継之助
長岡藩の家老。戊辰戦争で長岡城に籠城して新政府軍を苦しめるが、負傷。落城後、会津に向かう途中死去。

戊辰役戦士墓（山本帯刀に託された費用で戸田三男らが建立）

新政府軍と旧幕軍との宇都宮での戦いが終わり、さらに、戸田家家臣たちが会津での戦いに参加して戻った時には、時代は明治となっていた。新しい時代の幕開けだが、城は焼け落ち、城下も大半が焼け、農村も甚大な被害を受けていた。

例えば、宇都宮攻防戦の時戦場となった今泉村、宿郷《しゅくごう》村、簗瀬村は、旧幕軍の放火にあい、男子は残らず軍夫として徴用され、老人、婦女子は戦火を避けるために逃れたため、家財や農具は焼けるか盗まれるかし、ただ露命をつなぐのみというような有り様で、加えて、旧幕軍を追い出した新政府軍にも夫役などを課せられ、農作業などまったくできていない状態だった。

家臣および領民は窮乏の中から新しい時代に臨まなければならなかったのだ。

すでに述べたように、県勇記や岡田真吾が奔走し、新政府から救済金を何度か得ていて、戸田家ではそれでなんとかしのいでいたが、財政難はなお続き、川村家など多くの豪商からも借金し、その借金も日々増えていった。

それでも、明治二年（一八六九）に新宿町に市場ができ、材木町、伝馬町、池上町の遊廓が店開きするなど、庶民は日々の生活を少しずつ取り戻していった。

そのような中、版籍奉還が行われた。従来、各大名が領地と人民を支配していたが、この二つを朝廷に返還したのである。封建的な幕藩体制を壊し、新政府による中央集権体制をつくる第一歩の政策であり、明治二年に行われた。まず薩摩、長州、土佐、肥前の四藩主が奉還し、他の藩主もそれに倣った。戸田忠友も同様

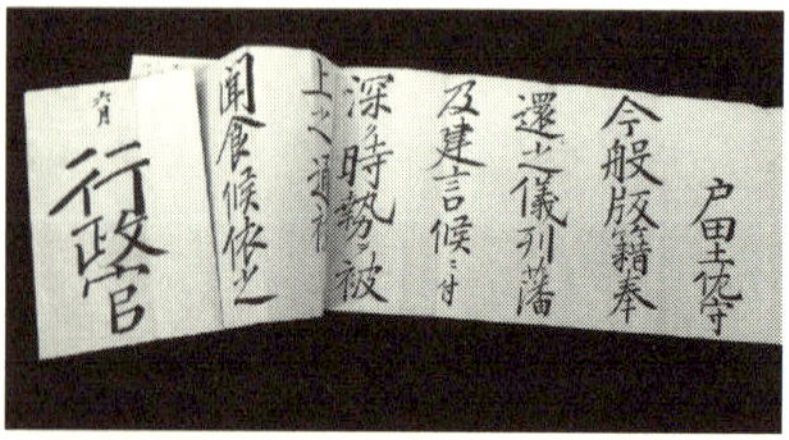

「版籍奉還につき達」戸田忠友に対する版籍奉還の通達（戸田忠和家文書／栃木県立文書館蔵）

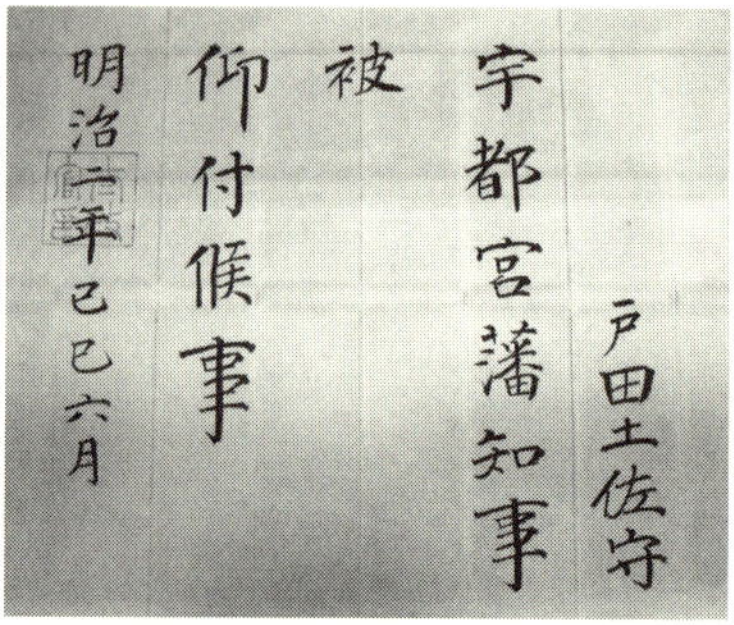

宇都宮藩知事任命書
（戸田忠和家文書／栃木県立文書館蔵）

で、版籍を奉還するとともに宇都宮藩知事に任命されている。

江戸時代の宇都宮城主

浅野長政《あさのながまさ》（城代）	慶長２年(1597)～慶長３年(1598)
蒲生秀行《がもうひでゆき》（18万石）	慶長３年(1598)～慶長６年(1601)
大河内秀綱《おおこうちひでつな》（城代）	慶長６年(1601)～慶長６年(1601)
奥平家昌《おくだいらいえまさ》（10万石）	慶長６年(1601)～慶長19年(1614)
奥平忠昌《ただまさ》（10万石）	慶長19年(1614)～元和５年(1619)
本多正純《ほんだまさずみ》（15・5万石）	元和５年(1619)～元和８年(1622)
奥平忠昌（11万石）	元和８年(1622)～寛文８年(1668)
奥平昌能《まさよし》（11万石）	寛文８年(1668)～寛文８年(1668)
松平忠弘《まつだいらただひろ》（15万石）	寛文８年(1668)～延宝９年(1681)
本多忠泰《ただひら》（11万石）	延宝９年(1681)～貞享２年(1685)
奥平昌章《まさあきら》（10万石）	貞享２年(1685)～元禄８年(1695)
奥平昌茂《まさしげ》（9万石）	元禄８年(1695)～元禄10年(1697)
阿部正邦《あべまさくに》（10万石）	元禄10年(1697)～宝永７年(1710)
戸田忠真《とだただざね》（７・８万石）	宝永７年(1710)～享保14年(1729)
戸田忠余《ただみ》（７・８万石）	享保14年(1729)～延享３年(1746)
戸田忠盈《ただみつ》（７・８万石）	延享３年(1746)～寛延２年(1749)
松平忠祇《ただまさ》（６・６万石）	寛延２年(1749)～宝暦12年(1762)
松平忠恕《ただひろ》（７・８万石）	宝暦12年(1762)～安永３年(1774)
戸田忠寛《ただとお》（７・８万石）	安永３年(1774)～寛政10年(1798)
戸田忠翰《ただなか》（７・８万石）	寛政10年(1798)～文化８年(1811)
戸田忠延（７・８万石）	文化８年(1811)～文政６年(1823)
戸田忠温《ただはる》（７・８万石）	文政６年(1823)～嘉永４年(1851)
戸田忠明《ただあき》（７・８万石）	嘉永４年(1851)～安政３年(1856)
戸田忠恕《ただゆき》（７・８万石）	安政３年(1856)～元治２年(1865)
戸田忠友《ただとも》（６・８万石）	元治２年(1865)～明治４年(1871)

これも宇都宮

宇都宮の名物

餃子

宇都宮といえば餃子の町として知られるが、有名になったのは平成になってからのこと。市の職員が、餃子消費量が日本一であることを発見。平成三年頃から餃子による町おこしを始めたことによる。中国からの復員者が広めたこと、夏が暑く、冬は寒い内陸性気候の宇都宮で手軽なスタミナ源となっていたこと、宇都宮市周辺は日本有数の小麦粉生産地だったことなどが、消費量トップの理由と考えられている。

現在、宇都宮餃子会加盟店は八〇店。四〇〇～五〇〇種の餃子があるという。十一月には宇都宮餃子祭りが開かれ、全国から餃子ファンが訪れる。

ふくべ細工

（小川昌信氏制作）

栃木県の特産品であるかんぴょうの実を利用してつくられる工芸品。大正初期に始まったといわれる。

黄鮒《きぶな》

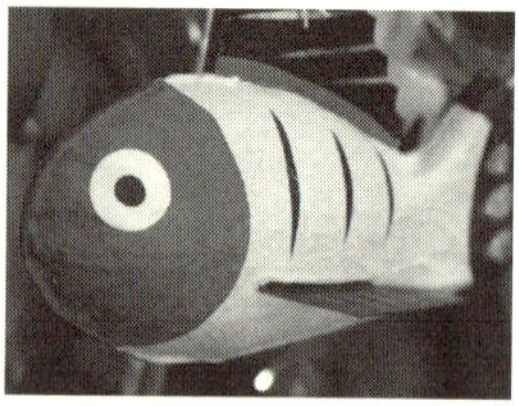

（小川昌信氏制作）

江戸時代から宇都宮に伝わる郷土玩具。天然痘が流行した時、田川で釣った黄色い鮒を病人が食べたら治った、といういわれがある。

カクテルの街

宇都宮はカクテルの街でもある。国内外のコンクールで受賞したバーテンダーが何人もいて、腕を競っている。

地酒

この地の蔵は数は少ないが、地道で真摯な酒造りと、南部杜氏の本道を守り続けていることで知られている。いずれも規模は小さくても、日本酒好きには熱心なファンが多く、全国的な知名度を誇っている。

四季桜　黄ぶな

宇都宮酒造㈱
TEL028-661-0880

澤姫　若人醸造特別純米

㈱井上清吉商店
TEL028-673-2350

エピローグ

岡田真吾の改革

明治三年（一八七〇）、新政府は各藩に戸籍、石高の調査を命じ、この結果、戸田家領内の人口は約五万九九〇〇人、うち士族が約二五九〇人、卒族（足軽などの下級武士）が約一一八〇人、庶民が約五万五八〇〇人、そして石高は約一万九千五百石だった。宇都宮藩の表高は七万八百五十石だったのだから、いかに収入がなかったかがわかる。

この間、岡田真吾は中老になる。重臣の家柄ではないので抜擢だ。戦後の建て直しの良策が何もない状況の今、それに対応できる人材が必要との重臣たちの献議があったのである。戸田家は藩の復興を岡田に託した。

さらに、版籍奉還に伴って、知事に次ぐ官職として人参事が置かれ、岡田はその次に位置する権大参事となる。家臣も領民も困窮の中にあったため、岡田は新政府に救済金を要望し、下賜されたが、一時凌ぎにしかならなかった。

そこで岡田は、重臣たちの期待に応えるべく、改革を始める。まず行ったのが家臣

宇都宮県の刻印がある鉄砲
（杉山健雄氏所蔵）

の俸禄を減らすことである。期限を決めて減らすというものだったが、これには反対が多かった。ただでさえ少なくなっていた俸禄が、期限付きとはいえ、減らされるのは困るというのである。家臣たちの気持ちもわかる。

　これに対して、岡田は歳入に関する帳簿を家臣たちに見せ、現実を知らしめた。そして、何かほかに良案があれば献策すべしとしたところ、結局、良案は出ず、この改革は実行に移された。

　続いて、混乱していた田圃の境界を明確にして、きちんとした農政を行うため、内務省の承諾を得て、領内の検地を実施。また、荒蕪地の開拓にも取り組んだ。さらに、戦後、忠実武勇の風が失われているので、家臣の中から品行正しい壮年を選び、東京に学びに行かせ、家中にその影響を広めようと、これを実行したりした。人の育成にも力を注いだのである。

　このように戸田家では岡田を中心に、同じく権大参事となっていた県勇記の協力もあったと思うが、いくつかの改革を進めたのだが、明治四年、廃藩置県で従来の藩が廃止となり、改革はその効果をみることなく、終わってしまった。

　廃藩置県によって県が設置され、宇都宮藩は宇都宮県となる。同時に旧藩主は東京在住を命じられ、戸田忠友は東京に移った。その後、大参事の戸田三郎、権大参事の勇記、岡田ら戸田家の家臣が担っていた地方政治は、明治政府から送り込まれた、佐賀など他の出身者に取って代わられるようになる。

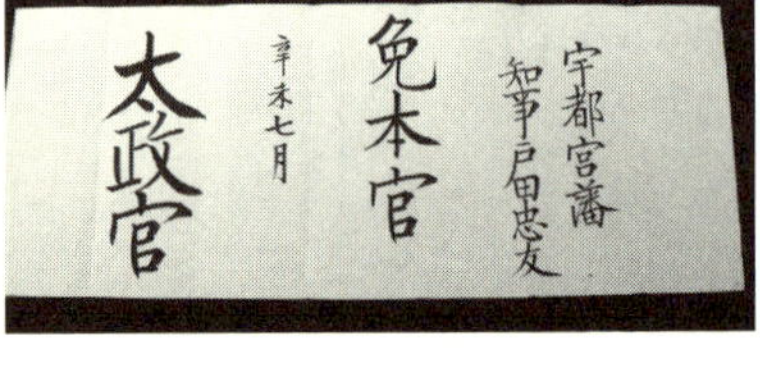

宇都宮藩知事免官状
（戸田忠和家文書／栃木県立文書館蔵）

勇記はその後、福島上等裁判所、司法省などに勤務し、病のために官職を辞して宇都宮に帰り、塾を開いて子弟の教育に努めた。そして、明治十四年（一八八一）に五十九歳で病没している。

岡田真吾も宇都宮裁判所などに勤務したが、病となり、明治五年（一八七二）に、勇記よりも早くこの世を去った。五十一歳だった。彼は酒を飲まず、宴席でも茶を飲んで酔客とともに談笑したという。日頃から質素で、宇都宮が焼け、住むところもなかった時、川村家が家を提供しようとしたが、断わった。主君（忠友）がまだ仮住まいだというのに、自分だけそのような家には住めないと、贈られた家を別の人に与え、自分は雨露をしのぐ程度のところに住んだという。

幕末から明治にかけて、戸田忠至、戸田三左衛門、県勇記、岡田真吾、広田精一、大橋訥庵、菊池教中など、宇都宮から多くの逸材が出た。忠恕、忠友という若い主君を支えて戸田家を守るため、あるいは尊攘という自分が信ずる目的のため、命を賭け、戦い、生き、死んでいった。

城は焼け落ち、宇都宮藩も消滅したが、彼らの事績は、今も忘れられていない。

戸田忠友の墓
（英巌寺跡）

わずかに残った近代の宇都宮城の土塁
（宇都宮市教育委員会提供）

あとがき

私は、宇都宮城址公園の坂を下りた所で育った。城址公園は「御本丸」といって、子どもたちの遊び場だった。私の子どもの頃には、まだ土塁と堀がわずかに残っていて、そこが宇都宮城の一部であり、戊辰の役では多くの血が流されたことなど知らずに、土塁を駆け上り、堀でザリガニ採りなどをした思い出がある。土塁の前は公園になっていて、シーソーやブランコがあった。

その土塁と堀は昭和四十年代後半にはなくなり、「御本丸」もスケート場や遊園地ができるなど、幾度か顔を変えていった。いろいろ理由はあったかと思うが、歴史の貴重な遺産が消えたことは、今も残念な思いがする。

現在、城の一部が復元され、ここに城があったのだと、誰からもわかるようになった。城址公園には有志のみなさんがいて、そこを訪れた人に対して、宇都宮城の歴史を熱心に説明している。大変すばらしいことであり、これによって、宇都宮の歴史に対する市民の関心もより深まるだろう。

ところで、高校を出て上京してから、出身はと聞かれ、宇都宮と答え、「釣天井」や「浄瑠璃坂の仇討ち」などの話をしても、よほどの歴史愛好家は別だが、ほとんどの人は「ハア？」といった反応で、宇都宮の歴史は、白虎隊などとは違い、「全国区」ではないことを痛感し、悔しい思いをしてきた。

しかし、本書で紹介したように、江戸時代の宇都宮の歴史は、歴史好きの人はもちろん、そうではない人でも興味をそそられる物語で彩られていると思う。本書が、宇都宮の人の郷土史への関心をより深め、また、全国の人に宇都宮の歴史について知ってもらうための一助となれば幸いだ。

宇都宮の歴史については、戦前から今日まで、数多くの郷土史家や研究者のみなさんが実に熱心に、かつ詳細に調査・研究し、発表されてきた。本書はそれらの労作の上に成り立っている。その一部を参考文献に記載した。心から謝意を表したい。また、これからも郷土史家や研究者のみなさんの研究によって、宇都宮の歴史が一層豊かになることを期待したい。

最後に、本書の完成にご助力をいただいた現代書館社長の菊地泰博さん、ならびに編集部の二又和仁さん、黒澤務さんに謝意を表したい。

参考文献

『宇都宮市史』(宇都宮市史編さん委員会・宇都宮市)
『栃木県史』(栃木県史編さん委員会・栃木県)
『宇都宮城のあゆみ』(宇都宮市教育委員会)
『宇都宮城主戸田御家記』(松井恒太郎・下野歴史学会編・随想舎)
『勤皇烈士縣六石の研究』(小林友雄・興亞書院)
「戊辰日記」(徳田浩淳編・宇都宮史料保存会)
「山陵修理始末略記」(縣信緝・『勤皇烈士縣六石の研究』付録)
『下野烈士傳』(戸田忠剛・東洋堂)
『幽囚日記』(菊池教中・静観堂)
『蒲生君平遺稿』(縣信緝・蒲生仙吉編)
「勤王家縣信緝畧伝」(田代黒瀧・『下野史談』第5巻第1号・下野史談會)
「戸田忠至傳」(田代黒瀧・同右第4巻第4号)
「戊辰戦役に於ける宇都宮藩」(松井恒太郎・同右第5巻第5号)
「宇都宮興廃記(史料)」(徳田浩淳・『下野史料』39号・下野史料保存会)
「宇都宮記」(徳田浩淳校・同右40号)
「古文書の読解・宇都宮大火の手紙」(『下野歴史』52号・下野歴史学会)
「県六石の扇面」(猪瀬要吉・同右51号)
「事実記録寛文復讐記―出羽国村山郡上ノ山領・藤吾村庄屋手記」(徳田浩淳・同右43号)
「戸田家の紋」(同右53号)
「浄瑠璃坂仇討の一考察」(大宮司克夫・同右57号)
「宇都宮城の変遷」(大島延次郎・『下野史学』16号)
「本多正純の改易をめぐって」(高木昭作・『栃木県史研究』第八号・栃木県史編さん専門委員会)
「慶応四年春の野州打ちこわしをめぐって」(長谷川伸三・同右第一号)
「文久2年前期の宇都宮藩の動向」(鈴木挙・『栃木県立文書館研究紀要』13号・栃木県立文書館)
「下野の戊辰戦争と民衆」(大嶽浩良・同右5号)
「玄人はだしの殿様芸―宇都宮藩主戸田忠翰の趣味」(橋本慎司・『歴文だより』78号・栃木県歴史文化研究会)
「『文久の修陵』と年貢地」「間瀬和三郎と戸田家―「文久の修陵」以前―」(外池昇・『調布日本文化』5号・6号・調布学園女子短期大学)
『宇都宮誌全』(田代善吉・内山書店)
『宇都宮城下史』(福田徳重編・宇都宮城下史編纂所)
『宇都宮郷土史』(徳田浩淳・文化新報社)
『第25回企画展図録』(栃木県立博物館)
「大橋訥庵と菊池教中の末路」(秋本典夫・『宇都宮大学教養部研究報告』第20号・宇都宮大学)
『北関東下野における封建権力と民衆』(秋本典夫・山川出版社)
『新訂増補国史大系・徳川實紀』(国史大系編修会・吉川弘文館)
『新編藩翰譜』(新井白石・新人物往来社)
『寛永諸家系図伝』(続群書類従完成会)
『寛政重修諸家譜』(続群書類従完成会)
『中津藩史』(黒屋直房・碧雲社)
『中津歴史』(廣池千九郎編述・防長史料出版社)
『維新史』(維新史料編纂事務局・明治書院)
『大日本古記録・梅津政景日記』(東京大学史料編纂所編・岩波書店)
『大久保武蔵鐙』(塚本哲三校・有朋堂書店)
「政権恢復秘策」(大橋訥庵・『日本の思想』・筑摩書房)
「斬奸趣意書」(『日本思想体系』・岩波書店)
『波山記事』(日本史籍協會・東京大学出版会)
『日本史史料3・近世』(歴史学研究会編・岩波書店)
『大橋訥庵伝』(寺田剛・慧文社)
『忠臣蔵の手本・浄瑠璃坂の敵討―宇都宮藩騒動記―』(原田種純・新人物往来社)
『戊辰役戦史』(大山柏・時事通信社)
『三田村鳶魚全集』(三田村鳶魚・中央公論社)
『近世日本国民史』(徳富蘇峰・講談社)
『南柯紀行・北国戦争概略衝鉾隊之記』(大鳥圭介・今井信郎・新人物往来社)
『私の明治維新』(上野一郎編・産業能率短期大学出版部)
『新選組日記・永倉新八日記―島田魁日記を読む』(木村幸比古・PHP研究所)
『新装版新撰組顛末記』(永倉新八・新人物往来社)
『江戸城の宮廷政治』(山本博文・読売新聞社)
『旗本夫人が見た江戸のたそがれ』(深沢秋男・文藝春秋)
『幕府歩兵隊』(野口武彦・中央公論新社)
『明治ニュース事典』(毎日コミュニケーションズ)
『幕末明治新聞全集』(世界文庫)

坂本俊夫（さかもと・としお）
昭和二十九年（一九五四）、栃木県宇都宮市生まれ。早稲田大学大学院文学研究科修士課程修了。
フリーライター。共著に『東の太陽、西の新月――日本・トルコ友好秘話「エルトゥールル号」事件――』、『明治の快男児トルコへ跳ぶ――山田寅次郎伝――』（ともに現代書館）がある。

シリーズ藩物語 宇都宮藩・高徳藩

二〇一一年九月十五日 第一版第一刷発行

著者――――坂本俊夫
発行者―――菊地泰博
発行所―――株式会社 現代書館
東京都千代田区飯田橋三―二―五 郵便番号 102―0072 http://www.gendaishokan.co.jp/
電話 03―3221―1321 FAX 03―3262―5906 振替 00120―3―83725
組版――――デザイン・編集室 エディット
装丁――――中山銀士＋杉山健慈
印刷――――平河工業社（本文）東光印刷所（カバー・表紙・見返し・帯）
製本――――越後堂製本
編集――――二又和仁
編集協力――黒澤 務
校正協力――岩田純子

 ISBN978-4-7684-7128-9

資料・写真協力
栃木県立博物館
栃木県立文書館
宇都宮市教育委員会
宇都宮市経済部観光交流課
宇都宮市経済部商工振興課
宇都宮市都市整備部公園管理課
二荒山神社
蒲生神社
今泉八坂神社
曹洞宗光明寺
『よみがえれ！宇都宮城』市民の会
国立国会図書館
東京都立図書館
京都市歴史資料館
杉山健雄
大島順一
石川三衛
河合芳人
小川昌信

江戸末期の各藩

松前、八戸、七戸、黒石、**弘前**、**盛岡**、**一関**、秋田、亀田、本荘、秋田新田、仙台、松山、**新庄**、**庄内**、天童、長瀞、**山形**、上山、**米沢**、米沢新田、相馬、福島、**二本松**、三春、**会津**、守山、棚倉、平、湯長谷、泉、**村上**、黒川、三日市、**新発田**、村松、三根山、与板、**長岡**、椎谷、**高田**、糸魚川、松岡、笠間、宍戸、水戸、下館、結城、**古河**、下妻、府中、土浦、麻生、谷田部、牛久、大田原、黒羽、烏山、喜連川、**宇都宮・高徳**、壬生、吹上、**足利**、佐野、関宿、高岡、佐倉、小見川、多古、一宮、生実、鶴牧、久留里、大多喜、請西、飯野、佐貫、勝山、館山、岩槻、忍、岡部、川越、沼田、前橋、伊勢崎、館林、高崎、吉井、小幡、安中、七日市、飯山、須坂、松代、**上田**、**小諸**、岩村田、田野口、**松本**、諏訪、**高遠**、飯田、金沢、荻野山中、小田原、沼津、小島、田中、掛川、相良、横須賀、浜松、富山、加賀、大聖寺、郡上、高富、苗木、岩村、加納、大垣、高須、今尾、犬山、挙母、岡崎、西大平、西尾、吉田、田原、大垣新田、尾張、刈谷、西端、長島、**桑名**、神戸、菰野、亀山、津、久居、鳥羽、宮川、彦根、大溝、山上、西大路、三上、膳所、水口、丸岡、勝山、大野、**福井**、鯖江、敦賀、小浜、淀、新宮、田辺、紀州、峯山、宮津、田辺、綾部、山家、園部、亀山、福知山、柳生、柳本、芝村、郡山、小泉、櫛羅、高取、高槻、麻田、丹南、狭山、岸和田、伯太、豊岡、出石、柏原、篠山、尼崎、三田、三草、明石、小野、姫路、林田、安志、龍野、山崎、三日月、赤穂、鳥取、若桜、鹿野、津山、勝山、新見、岡山、庭瀬、足守、岡田、岡山新田、浅尾、松山、鴨方、福山、広島、広島新田、高松、丸亀、多度津、西条、小松、今治、松山、新谷、大洲、吉田、**宇和島**、徳島、**土佐**、土佐新田、松江、広瀬、母里、浜田、津和野、岩国、徳山、長州、長府、清末、小倉、小倉新田、福岡、秋月、**久留米**、柳河、三池、蓮池、唐津、**佐賀**、小城、鹿島、大村、島原、平戸、平戸新田、中津、杵築、日出、府内、臼杵、**佐伯**、森、**岡**、熊本、熊本新田、宇土、人吉、延岡、高鍋、佐土原、飫肥、薩摩、対馬、五島（各藩名は版籍奉還時を基準とし、藩主家名ではなく、地名で統一した）

★太字は既刊

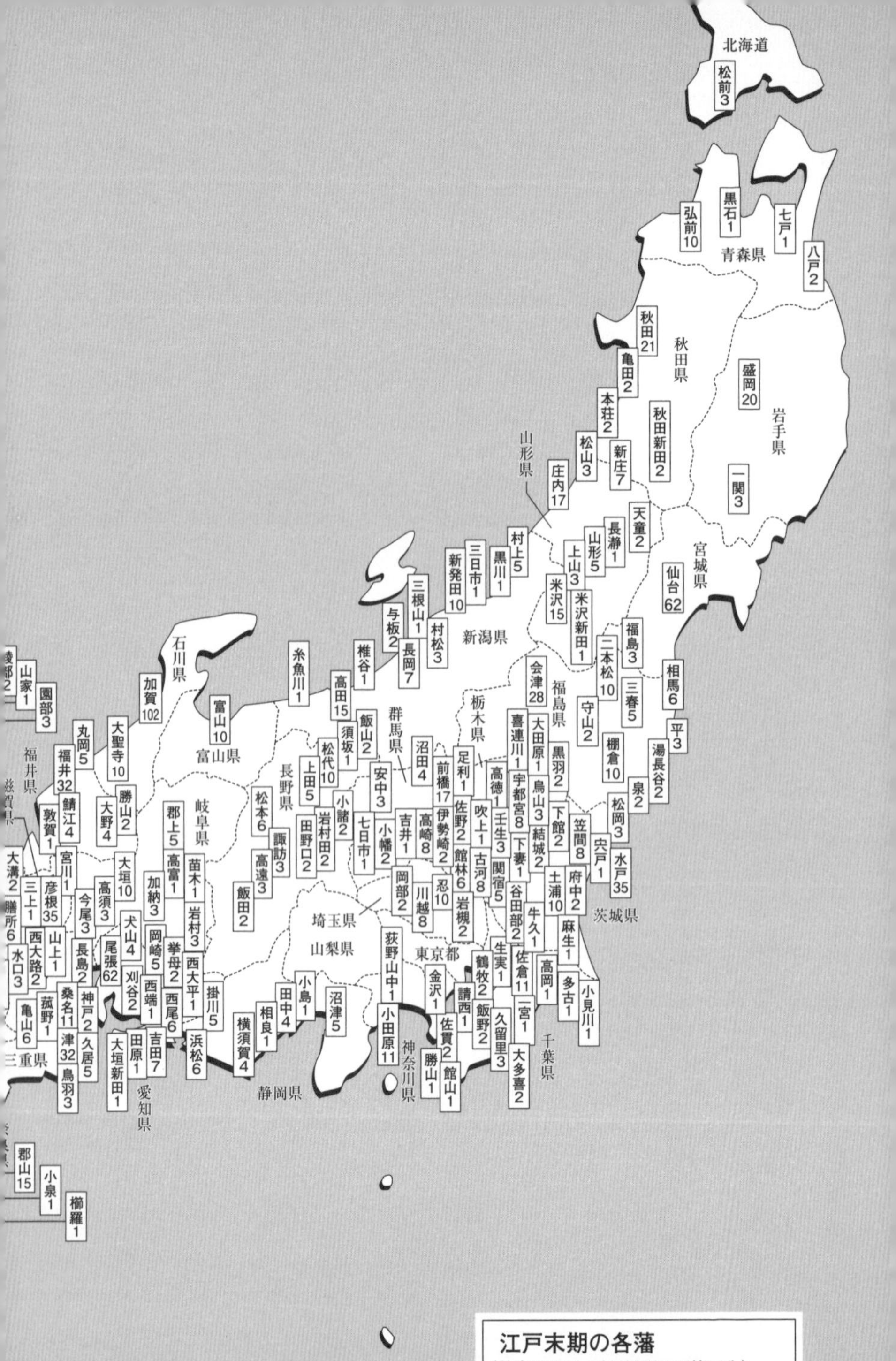

江戸末期の各藩
(数字は万石。万石以下は四捨五入)